阮胤华 著

爱的语言
——中国文化和非暴力沟通的结合

江苏凤凰教育出版社
Phoenix Education Publishing, Ltd

图书在版编目(CIP)数据

爱的语言:中国文化和非暴力沟通的结合/阮胤华著.—南京:江苏凤凰教育出版社,2020.10
ISBN 978-7-5499-8981-2

Ⅰ.①爱… Ⅱ.①阮… Ⅲ.①心理交往-语言艺术 Ⅳ.①C912.13

中国版本图书馆 CIP 数据核字(2020)第 202653 号

书　　名	爱的语言——中国文化和非暴力沟通的结合
作　　者	阮胤华
责任编辑	丁金芳　段晗胭
装帧设计	张金风
插　　图	刘　蔓
出版发行	江苏凤凰教育出版社(南京市湖南路1号A楼　邮编210009)
苏教网址	http://www.1088.com.cn
照　　排	江苏凤凰制版有限公司
印　　刷	南京爱德印刷有限公司
厂　　址	南京江宁区东善桥秣周中路99号
开　　本	787毫米×1092毫米　1/16
印　　张	13.5
版　　次	2020年10月第1版
印　　次	2020年10月第1次印刷
书　　号	ISBN 978-7-5499-8981-2
定　　价	49.00元
网店地址	http://jsfhjycbs.tmall.com
公 众 号	苏教服务(微信号:jsfhjyfw)
邮购电话	025-85406265,025-85400774,短信 02585420909
盗版举报	025-83658579

苏教版图书若有印装错误可向承印厂调换
提供盗版线索者给予重奖

目 录

1　　前言

第一章　爱的语言的核心

8　　待人以爱以敬
13　　真情是动人的
15　　严于律己、宽以待人
17　　培育爱敬心
20　　练习一：培育爱敬心

第二章　处理家庭关系的原则

24　　维护家庭的团结
25　　如何对待父母
32　　如何处理夫妻关系
36　　如何教育子女
41　　练习二：体会家人的愿望

第三章　处理工作关系的原则

44　　以大局为重
46　　如何对待上级
50　　如何对待平级
53　　如何对待下级
56　　练习三：体会同事的愿望

第四章　沟通四要素

- 60　了解和澄清事实
- 64　体会真实的情感
- 68　关注深层次愿望
- 74　明确具体的请求
- 78　练习四：关注四要素

第五章　诚恳地表达

- 88　要符合身份
- 91　给自己时间
- 92　运用四要素
- 95　选择表达的时机
- 97　使用中肯的语言
- 98　勇于承认错误
- 102　如何拒绝他人
- 107　练习五：诚恳地表达

第六章　关切地倾听

- 112　理想的倾听状态
- 116　倾听的内容
- 119　深入倾听的方法
- 123　引导妨碍倾听
- 126　结束倾听的时机
- 129　倾听与表达
- 133　练习六：倾听的技巧

第七章　处理与他人的冲突

138　牢记沟通原则
139　确立沟通目标
141　让自己得到关心
148　不要迁怒于人
153　转变对批评的态度
156　学会凝聚共识

第八章　调解他人的矛盾

162　确立调解目标
164　澄清事实，消除误会
166　把握谈话的节奏
168　帮助一方调整状态
172　协助对话，促成共识

第九章　角色扮演与冲突调解

178　一个成功的案例
195　角色扮演的要点

第十章　回归文化的根

198　要循序渐进
201　注意权衡取舍
203　实现更深的和谐

209　后记

前言

2005年，有位德国的朋友给我带来一本英文版的《非暴力沟通》，他和我说，作者马歇尔·卢森堡博士希望有中文版。我原本以为这是一本关于如何提高语言修养的书，但翻开书一看，却远远不止这一点。它还包含了对这个世界和人性的认识、一整套新的概念体系以及沟通方法。通过阅读这本书，我开始意识到，盲目地遵循他人的教导，是我以前很努力提高自己却又收效甚微的原因。这并不是说别人讲的就不好，而是我不知道如何结合个人实际来运用所学的知识。这个认识让我的生活态度发生了转变。我放下了过去对自己的许多要求，开始密切地关注自己的情感和愿望。

非暴力沟通还帮助我反思过去的沟通方式。在生活中，我们习惯于从彼此的角色出发来处理人际关系。例如：这是我的父母，我应该爱他们敬他们；这是我的孩子，我应该好好抚养他；等等。同时，我们对别人也有要求：他是我的老公，他应该好好疼我；我工作表现不错，老板应该给我提高待遇；等等。这样做的好处是，我们知道自己该做什么，也知道自己可以期待什么。然而，这存在两个方面的问题：一是，一旦我们不情愿，就会感到压抑和纠结；二是，一旦自己的期待落空了，心理就容易不平衡。这样,彼此的关系也就出现了问题,甚至会难以为继。

面对人们普遍存在的沟通问题,非暴力沟通的视角让我眼前一亮。卢森堡博士曾引用鲁米的话说:"在对与错的区分之外,有片田野。我将在那里见你。"这句话形象地描述了非暴力沟通的方法:超越"你"和"我"的对立,去爱所有人。具体的做法是,我们有意识地放开角色意识,不再评判是非对错,而去关注彼此作为人都有的感受和需要,然后寻求兼顾双方的解决办法。在一定程度上,这有助于我们缓和情绪,并带着对双方的善意来解决问题。有个朋友曾经这样描述她的感受:"看到对与错之外还有一片田野的时候,突然好像有种拨云见日的感觉。可能这么说有点夸张,但确实觉得真的就是有一束光从浓密的乌云或浓雾中照过来,让你感到希望的力量。"

看到非暴力沟通对个人成长和解决冲突的重要意义后,我就联系国外的出版社,表达了自己翻译这本书的愿望。那是在2006年3月。后来,在吕靖安老师的指导下,我用了大概两年的时间翻译了《非暴力沟通》。用这么长的时间,主要是因为我需要时间深入学习和体会非暴力沟通。期间,我还去印度参加了卢森堡博士主持的历时九天的国际强化培训营。到了2008年的时候,我开始正式给人讲非暴力沟通。

非暴力沟通的学习和实践给我带来了许许多多的感动。然而,随着时间的推移,我也清楚地看到,不少学习者虽然解决了一些困难,但他们又面临新的困难。有个朋友的反馈很有代表性。她谈道:"我曾经特别向往'对错之外的那片田野',唯它是尊,试图在家中营造那样一片田野。比如,孩子玩电脑游戏超过一小时了,我有些急了,走过去说:'看到你玩了一个小时了,我很担心这会影响你的视力和健康。你现在是否愿意关上电脑,玩会儿其他的游戏呢?'结果,孩子说了声'知道了',然后继续玩。我爱人看我用这样的方式说了两三次，孩子仍没反应，就冲出来喊：'玩这么久还不休息，眼睛还要不要了?!'那时，我心中对爱人立刻生出不满，因为我已经跟他沟通过了，对错没那么重要。"像这位朋友那样，许多人在实践中和家人发生了冲突，并体会到了无力感。这些困难和他们对非暴力沟通的理解有关，同时也和非暴力沟通与传统观念的冲突密切相关。特别是在养育子女上，价值观念一旦不同，就非常容易产生矛盾。

这些年，在学习和探索非暴力沟通的同时，我也在深入地学习传统文化。传统文化是一个很大的概念，让人难以把握，但它又分主流和支流。梁启超先生在《读书指南》中讲道："《论语》为两千年来国人思想之总源泉。"他又说："六七百年来，数岁孩童入三家村塾者，莫不以'四书'为主要读本，其书遂形成一般常识之基础，且为国民心理之总关键。""四书"包括《论语》《孟子》《大学》和《中庸》。它们并称"四书"，最早是由南宋的朱熹提出来的。在宋以后，元、明、清三朝都把朱熹的《四书章句集注》作为官方教科书和科举考试的标准。这样，在长达六七百年的时间中，"四书"也就成了中国文化的主流。它们也是我重新认识传统文化的关键切入点。

渐渐地，我对传统文化有了和过去很不一样的认识。例如，我们的传统强调孝，它的本意并不是对人性的压迫，而是体现了对人性的尊重。《庄子·人间世》讲道："子之爱亲，命也，不可解于心。"一般来说，子女和父母之间有着难以割舍的感情。现在有些人反感孝，实际上并非他们不爱父母，而是他们遇到了具体的困难，不知道该如何是好。这个时候，听到一味的说教或者不顾实际的要求，他们难免就会心生反感。然而，与父母建立相亲相爱的关系仍然是他们内心的渴望。只要有办法，这样的愿景还是值得追求的，而这正是我们的传统所强调的。

除了对人性的尊重,我们的传统还强调遵循正确的原则来解决问题。在谈到"修身"和"齐家"的关系时,《大学》表达了下面的观点:"为什么齐家需要修身呢?当我们喜欢一个人,我们就有可能忽视他的缺点。当我们讨厌一个人,就有可能看不到他的可取之处。当我们敬畏一个人,就有可能对他过于疏远。当我们同情一个人,就有可能姑息他。当我们对一个人没有特别的感情,就有可能过于冷淡。喜欢一个人却能了解他的缺点,讨厌一个人却能够知道他的优点,这样的人是少见的。这也是为什么俗话说,'溺爱的人看不到孩子的缺点,贪婪的人不会认为自己的苗长得茂盛'。人一旦受自己情感的好恶所左右,也就难以客观地对待人和事。所以,不修身的话,就无法齐家。"《大学》中这个观点提醒我们遵循理性和讲原则的重要性,而不能任凭感情的好恶来处理家庭关系。实际上,处理其他的关系也是如此。

我深切地体会到,如果我们能够尊重人性并遵循人与人相处的一般规律,那我们就不仅可以促进家庭的和谐,还可以改善自己的工作关系。而传统文化对处理家庭关系和社会关系提出的简明实用的原则已经经过数千年历史的检验,只要稍加变通,它们就可以为我们现代人所利用。这是多么令人欢欣鼓舞的发现啊!

随着对传统文化认识的不断深化,我感觉自己终于扎根于这片土地了,再看周围的风俗习惯、人情世故,也觉得通透许多。至于沟通时考虑彼此的角色,我现在不仅认识到这么做的必要性,而且还很庆幸能从传统文化中得到这方面的指引。然而,我越是亲近传统文化,我也就越体会到它与非暴力沟通的冲突。钱穆先生在《八十忆双亲 师友杂忆》中引用了一位小学校长的话:"贤奸不论,是非不辨;何以为人,何以做事。如此社会,岂不将沦丧以尽。"这句话很生动地反映了传统观念与非暴力沟通的不同。由于传统文化中明是非、辨善恶的思想更有助于认识和指导现实生活，我渐渐地转向了传统文化的立场，并倾向于从我们的文化出发来学习借鉴非暴力沟通。

于是，在2017年，我推出了新的沟通课程：爱的语言。爱的语言一方面总结了我从传统文化中学习到的基本的做人的道理，另一方面整合了我从非暴力沟通中学习到的沟通方法。新的课程得到了许多令我感到鼓舞的反馈。有个朋友这样写道："想到中国人不仅站起来，而且能够有自己的文化立场和主张，能够透过自己的文化影响到更多人，此刻内心充满了感动和激动。"还有个朋友反馈说："跟阮老师学了爱的语言后很有收获，发现传统文化在骨子里根深蒂固。回来后将传统文化与非暴力沟通结合起来运用，发现比原来顺畅了，内心也多了稳定和力量感。关键是我妈，她再也不说我'你们学心理学的都是冷血动物'了！她居然再也不跟我说'狠'话了。另外，随着自己对价值观、是非观的明晰，再和朋友们分享非暴力沟通时，我觉得在方向上清晰了很多，对方的反馈也给了我很大的信心和惊喜。这是我去学爱的语言之前没想到的！"这些反馈让我进一步意识到，亲近自己的文化，从自己的文化出发来学习和分享外来知识，是多么富有意义。

同时，由于爱的语言基于我们的文化，它还易学易用。有个酒店管理者在参加课程后，在企业内部组织了一天的培训。培训的主题是"倾听，让我们看见彼此的美好"。她反馈说："昨天用一天的时间开展了这次培训，共有69位管理人员和储备人才参加。大家挺投入的，我也深受感动。年底到了，对我们酒店来说是旺季，有时工作忙得像打仗一样。这个时候更需要有足够的耐心和毅力来对待工作，否则会到处充斥着相互抱怨的情绪和声音。昨天的培训起到了'战前动员'的作用。结束时，许多管理人员都谈到了通过倾听和表达可以更深入地了解下属、贴近实际,而不只是简单粗暴地下达指令。通过反省,他们看到了自己平时讲话中存在的无意识的生硬、冷淡的现象。"

  解决问题是硬道理。经过近三年的实践,爱的语言已经在中国传统智慧和非暴力沟通的基础上,形成了一套自成一体、行之有效的沟通原则和方法。在学习、实践的过程中,许多朋友实现了人生的重大转折。他们不仅改善了家庭关系和工作关系,而且还更加热爱自己的祖国和文化。本书就是这些思想和经验的总结。在书中,我谈到了许多实践者的人生经历,为了保护当事人的隐私,本书中的故事所涉及的人名均为化名。我希望,通过简明的观念和生动的故事,读者可以轻松地阅读本书以及循序渐进地掌握书中的方法。

  由于本人水平有限,不足之处在所难免,欢迎大家批评指正。

阮胤华
2020 年 8 月

第一章。爱的语言的核心

想要实现和谐的人际关系，就要掌握实现和谐的一般规律。然后，我们就可以更好地理解我们沟通中的困难出自哪里，以及具体可以怎么做来改善关系。本章将结合实际案例来介绍用爱的语言实现和谐的基本原则：待人以爱以敬。这也是爱的语言的核心。

待人以爱以敬

关于如何实现和谐，我们的传统提供了一个简明的思路：通过待人以爱以敬，来实现互爱互敬的关系。这个思路有两个要点：一是，爱和敬，对一个融洽的关系来说缺一不可。如果我们爱一个人却不尊重他的意见，那被爱的人就会感到压抑。如果我们对一个人敬而远之，那彼此的关系也就缺少温度。二是，把重心放在做好自己上，而不是要求别人怎么对自己。下面的例子将帮助大家形象地理解这个思路。

有个朋友很爱她的母亲，担心母亲过于劳累，想让母亲少干一点活，却反而被母亲说是不孝。她为此感到郁闷不已，但又不知所措。她在文章中写道：

妈妈年近八十，是一个闲不住的人，到现在依然忙忙碌碌地找各种活干。去年居然租了半个大棚种起了花草蔬菜，养起了鸡鸭鹅。

| 爱和敬，对一个融洽的关系来说缺一不可。
| 把重心放在做好自己上，而不是要求别人怎么对自己。

每天的工作量，我看着都头大，我是真心干不了这些活啊！而她一边忙得不亦乐乎，一边还跟我叫苦连天。我每次听了都感觉很崩溃！我特别希望她做点力所能及的事，安安心心地养老，别闹那么大动静。

我心疼她的身体，同时心里也有些怨怼，觉得她自不量力。跟她说我的心情和愿望，说我对她的看法，希望她能看到我的需要和愿望：照顾好自己的身体，做点力所能及的劳作就可以了，别做自己体力和财力承受不了的事情。我一片好心、耐着性子跟她聊，每次聊着聊着就谈崩了！

情急之下我会对她说："你让我怎么说你呢？这么大年纪了，你不能这么自不量力，想做可以，做点力所能及的好不好？这样玩命，自己痛苦还给家人带来麻烦，你觉得这样合适吗？"然后，妈妈就会针锋相对："你当孩子的就得孝顺，孝顺孝顺，就是要顺着老人，你懂不懂？"

我那么想尽孝，可换来的竟是"不理解""不孝顺""孩子还想管大人"等一系列罪名。真心让我很崩溃，也很无力，甚至有时候会有些自责！

这对母女感情很深，却因爱生怨，女儿感到十分痛苦，母亲难免也会很不痛快。这样的矛盾在生活中很典型，比比皆是。她们用传统的道德互相要求，激化了彼此的矛盾，而这也是许多人反感传统文化的原因。因为他们感受到了压迫。然而，传统文化并不主张我们自我压迫，或互相压迫。它强调的是，我们把重心放在自己对他人的感情上，做好自己，而不是要求别人怎么对自己好。

后来,我的朋友来参加了我的工作坊,对传统文化有了新的理解。这帮助她转变了对母亲的态度。她说:

阮老师对传统文化的解读让我收获很大。印象最深的是,阮老师关于"天下无不是的父母"这句话的解读让我瞬间转念!说实话,过去我对这句话简直就是深恶痛绝!因为从小妈妈就用这句话"威慑"我。阮老师的解读是:父母当然会有不是,"天下无不是的父母"是子女情到深处不忍心责备父母。当听到阮老师如此解读这句话,我的内心瞬间融化了。一股暖意从内心升腾起来,再说出这句话时竟是暖暖的感动,那刻我已是泪眼婆娑……

我回家后重新审视自己的状态,调整了和妈妈交流的态度。当我带着敬和爱再和妈妈说话时,整个气场都不一样了,带着的劲也与之前不同了。话还是那些话,可是我欣喜地发现,妈妈不再说那些"恶毒"的话"攻击"我了,我听到了更多心疼、体谅的话语。这太令我兴奋了!有时就算是和老妈吵架都感觉是在秀母女情长……真的,一点不夸张,因为我们彼此都不真动气,可以更多地感受到彼此对方的心疼和爱意了。

这对母女之间并不缺少真诚的感情,但之前彼此都少了一份敬。当女儿对母亲的话有了不一样的理解时,她也就放开了对母亲的怨,并调整了自己的态度。然后,她母亲的态度也有了转变,彼此之间又变得情意绵绵起来。她母亲的转变也是生活的常见现象。当我们真心实意地爱别人敬别人,通常也就能够感动人。这样,我们虽然不要求别人爱我们敬我们,别人反而更能够做到这一点。

父母的安康，子女的惦记；子女的幸福，父母的牵挂。

> 待人以爱以敬，是实现和谐关系的基本原则。

读到这里，你可能会想，道理是对的，但不容易做到。确实如此！因为待人以爱以敬，首先需要心里有爱有敬。即使是对我们最爱最亲的人，我们也难以一直心存爱和敬。何况，在有些时候，我们追求的并不是和谐，而是敢于斗争、善于斗争。如果我们把待人以爱以敬当成一个绝对的要求，非但行不通，而且也不符合实际生活的需要。所以，我们不妨把它看作是实现和谐关系的基本原则，或努力的方向：如果我们想要与某个人实现融洽的关系，我们就要把重心放在做好自己，待人以爱以敬上。

真情是动人的

几年前，有个朋友参加了我的工作坊。她说："学习的初衷，主要是想解决家庭关系中遇到的卡点——我相信和先生彼此有感情基础，但认为他对家庭经济方面没有贡献且留给家人的时间太少，我时常抱怨，两个人的关系时好时坏。"

参加完工作坊好长一段时间后，她联系我，和我谈她遇到的具体困难。我感觉她似乎很犹豫，要不要继续过下去。她爱人创业不太顺利，家庭负债累累，却又不想去找一份有稳定收入的工作，有时还需要她还贷款。碰到这样的情况，其实很难给予明确的建议。我不希望她离婚，但如果她选择离婚，我也能理解。然而，我还是希望他们的婚姻可以继续下去。毕竟，家庭的破裂常常会带来很大的痛苦。同时，无论如何，他先生还是在为这个家庭打拼。

后来，她又来参加我的工作坊。来的时候告诉我，她现在婚姻状况稳定了。她回去后，写了一篇文章，讲到她的经历。她回忆说：

曾经和阮老师有过一次电话交流，印象深刻的一句话（大意）是：一个男人在社会上安身立命，不容易，是否能体会他的难？我承认他不容易，但做不到体谅他。就这么过了两年。去年，我们的关系因为他的经济危机经历了一次大的考验。当时，我选择了扛起经济重担，继续和他生活。大概是这样的选择展现了我十足的情意，先生也痛定思痛发生变化。他终止了长达十年没有收益反而背负大额债务的创业生涯，重新开始求职工作，而且每天再累再辛苦也会承担家务。这是他展现的情意。

回头检视和先生关系的转机，重要的是心中有情。这个情，不是悸动的爱情，而是经历爱情后在经年的共同生活里积累的亲情、恩情等复杂情感的融合。如果仅以爱情衡量，多少家庭难逃分崩离析的结局，但婚姻中又有恩情将两个人黏合在一起。年轻时我只盯着爱情，感受不到恩情，但在走向"四十不惑"的路上，我对中国式婚姻里的恩爱之情有了更多的理解。我特别珍惜先生与孩子良好的关系，以及孩子对他真心的信赖。心态的转变带来了关系的变化，关系的变化又进一步帮助我调整心态，我不再为经济问题耿耿于怀。当看到彼此都有好好过下去的真心时，也就愿意一起面对生活的考验了。

作为一个现代女性，她并不愿意在婚姻中失去自己。这点是值得肯定的。然而，当她把注意力放在对先生和孩子的感情上时，她选择了承担她过去所不愿意面对的经济风险。这个时候，她为先生做什么，并不是出于外界道德的要求，而是表达自己心中的那份情。这样，她既表达

> 检视和先生关系的转机,重要的是心中有情。
> 孟子:"爱人者,人恒爱之;敬人者,人恒敬之。"

了对家人的关心和爱护,又维护了自己的自主性。然后,通过与先生的良性互动,她更深地体会到了先生的情意,这又进一步坚定了她维护婚姻的意愿。

孟子有句话说:"爱人者,人恒爱之;敬人者,人恒敬之。"这句话反映了人与人交往的一般规律。如果你爱别人敬别人,别人一般也会爱你敬你。这位朋友婚姻的转机,正体现了这一规律的有效性。然而,我们需要记得,待人以爱以敬,并不是感情投资。如果只是感情投资,总是算计利害得失,实际上也就不是真爱真敬。这样,也就经不起生活的风浪。另外,人与人之间关系的发展变化是由两个人共同决定的。我们可以尽自己的一份心,但我们也是人,也会受对方态度的影响。所以,要量力而行,不要给自己太大的压力。

严于律己、宽以待人

我们都熟悉"严于律己、宽以待人"这八个字。然而,我们常常把它看作是外界对我们的逼迫,而心生不满。实际上,它是待人以爱以敬的基本表现,是我们实现和谐生活所必须具备的品质。孔子说:"躬自厚而薄责于人,则远怨矣。""躬",指自己。"躬自厚",就是严格要求自己。"薄责于人",就是宽以待人。遇到事情,我们常常容易指责别人,而不注意反省自己。如果我们要求别人的事情,自己都做不到,那别人就容易心生怨气。如果事情不顺心,我们注意反省自己的不足,同时又体谅别人的难处,那彼此就容易互相亲近。

我有个朋友曾和我提到她对婆婆的不理解:

婆婆动完白内障手术,适逢她女儿搬家,婆婆就住到了我家。第一天早上,老公一大早起床说要做早餐给婆婆吃。平时我们都在单位食堂吃,老公也是第一次摊鸡蛋饼。老公起劲地摊好一块饼,可婆婆说什么都不肯吃,一个劲地说你们吃。告诉她我们都去单位吃,她还是不吃。看老公的表情,都有点扫兴了,我赶紧说:"哎呀,你儿子这么早起床给你做早餐,你也不领情啊。"话一出口,觉得语气不够尊重,就停了停,问她是不是不喜欢吃。她说她随便吃什么都行。最后饼都快凉了,我只好吃完了去上班。路上我想婆婆为什么不吃呢?是担心给我们添麻烦吗?是不习惯被照顾吗?晚上回家我想跟婆婆确认一下。婆婆说:"不是的,我是看只有一块,你走路上班,空腹不好,所以想给你吃。"

我曾到她家做客,见过她婆婆,她婆婆是一个很讲礼节的人。那天晚餐,我请我朋友煮粥。吃饭的时候,她婆婆觉得用稀饭招待客人不好意思。我和她婆婆说,现在不一样了,大家都不缺吃的了。她婆婆说,那过去缺,但还用干饭招待客人啊。老一辈有他们的一套待人接物的道理。根据我对她婆婆的了解,我就和我朋友说:"只做了你婆婆一个人的早餐,我猜她是担心你对你爱人有意见。虽然她也知道你们平时在单位吃,但老一辈有老一辈的考虑。她怕儿子太疼自己,媳妇嫉妒,影响了家庭的和谐,于是宁愿不吃,而且这种事不好明说。"我又对她说:"我的分析不一定对,但老人一定是喜欢大家一起吃早餐的。你为什么不能改变你的习惯呢?"她觉得我说的也对,婆婆白天一个人在家有些孤单,需要温暖的家庭时光。后来只要条件允许,他们就尽量在家吃早餐。这样一来,

> 先要有白色的底，然后才好上色。

婆婆也很开心。

这是这位朋友买了新房子后，婆婆第一次来住。她爱人一大早就起来做早餐，可见他多么希望能够照顾到母亲。改变早餐的地点是小事，只要做点小的调整，就能照顾到老人和母子之情，何乐而不为呢！人与人之间的感情就是这样一点一点积累而成的。处理人际关系，如果能够像这个朋友那样严于律己、宽以待人，注意生活和工作中的细节，多想着别人的需要，那就会有助于彼此的和谐。

培育爱敬心

《论语》里有这样一段话：

子夏问曰："'巧笑倩兮，美目盼兮，素以为绚兮。'何谓也？"

子曰："绘事后素。"

曰："礼后乎？"

子曰："起予者商也，始可与言《诗》已矣。"

《诗经》共有305首诗歌。《诗经》中没有收藏的古代诗歌被称为逸诗。在这段话中，子夏请教孔子逸诗中讲到的"素以为绚"的意思。孔子解释说，"素以为绚"是指，先要有白色的底，然后才好上色。子夏又问，那是不是要先有感情基础才能谈礼。孔子看到子夏可以触类旁通，就高兴地说："学习《诗经》不能拘泥于文字，你能够理解我的言外之意，这样我们就可以谈论《诗经》了。"

强扭的瓜不甜，如果没有感情基础，勉强自己去爱去敬，做起来不但自己别扭，别人也难以感受到爱和敬。反之，如果我们心中对别人多一份爱和敬，不用做什么，别人一般也能感觉到我们的变化。这时，我们的行为也会比较自然，对方也容易接受我们的好意。这样，彼此就自然亲近起来。有个朋友谈到他与父亲关系的转变：

大学毕业后，我机缘巧合从事了幼儿教育工作。我了解到童年的经历，尤其是与父亲的关系对人有重要的影响。于是，一旦我看到自己身上的问题，就会去翻找童年与父亲相关的蛛丝马迹，甚至电话里问过父亲爱不爱自己。我心里开始对父亲或多或少有些埋怨。

那段时间，每次回老家时，我都想着要怎样与父亲和谐相处。但由于自己心里对父亲有傲慢，对父亲的很多行为是看不上的，往往相处短短几天就免不了会发生些不愉快。我看到家里墙壁上挂着各种可以挂着的东西，房间里堆满了各种东西，抽屉也是塞得满满的。看到这些，我心里埋怨：家里什么时候能干净整洁些？父亲舍不得扔掉家里任何东西，别人扔掉的东西父亲觉得有用也会捡回家放着。父亲会将这些东西攒到一定量并等到有相对好的价格时拉去卖掉。家人请父亲不要捡这些东西，和他说现在条件好了不靠这些挣钱了。我有时也会抱怨几句："家里就不能干净整洁些吗？谁家像我们家这样，哪里都堆满东西。"有时父亲会说："农村就这样了，你住几天就回去了。"父亲依旧不改变自己的行为。大家都说父亲固执不考虑别人的感受，过去我也这样认为。

与父亲的关系，就这样拧巴了很多年。后来，跟随阮胤华老师学习爱的语言，我对一些传统的价值观有了和过去不一样的理解，甚至有些敬重了。比如说，勤和俭是父亲身上两个突出的品质。父亲含辛茹苦抚养了我们兄弟五个，现在生活相对富裕了，我反而开始嫌弃从根处下功夫，培育爱敬心。

父亲了。想到这里，我心里不禁感到惭愧。过年因疫情我在家待了一个月的时间，看到父亲每天都不闲着。晴天就去砍柴，其实家里柴也够烧了。雨天就在家里修补簸箕，父亲已经不种水稻了，簸箕实际也用不上。看到一捆捆拉回来的柴，看到一个个修补好的簸箕，我心里升起对父亲由衷的敬佩。父亲在我心中的形象变得高大，也在激励着我。我想起了小时候爷爷给我家乔迁写的对联，大意是说，我父亲艰苦创业业更兴，我母亲勤俭持家家更旺。我对长辈的艰苦奋斗和勤俭持家有了一份敬重！

我们的言行反映了自己的心态。当这位朋友对父亲心存不满时，就难以克制自己的言行。一旦他心里产生了对父亲深深的爱和敬，原来的问题也就不存在了。所以，如果我们想要建立和谐、亲密的关系，就要从根处下功夫，培育自己的爱敬心。

小结

想要实现和谐的关系，我们要掌握以下思路：把重心放在做好自己，待人以爱以敬上。这就是实现和谐关系的基本原则。它具体表现在我们严于律己、宽以待人的生活态度上。为此，我们需要关注自己的心态，有意识地培育爱敬心。

练习一：培育爱敬心

个人练习

请想一位对你的人生特别有影响的人。然后，回忆你们交往中令你印象深刻的一件或几件事情。最后再想一想，如果你有机会为他做点事情，你会是什么感觉。拿一个本子把你的回忆和思考记下来。

个人练习示范

一位朋友在参加工作坊时谈到了她的母亲：

我觉得对我影响最大的一个人是我妈。她是一个很普通的农村妇女，但她的为人对我的人生有着特别深远的影响。

第一点是她特别坚强。可以说，有妈妈在，感觉家里就有支柱。记得高三的时候，大弟得了重病。这场大病让他休了一年学，不仅花光了家里所有的积蓄，还让家里背上了不少债务。一个农村家庭，原本供三个孩子读书就已经负担很重了，大弟的病简直是晴天霹雳。还好妈妈一直很坚强，支撑着这个家走过了那段最艰难的时光。

第二点是她对奶奶的孝心。有时候，妈妈会回忆她刚嫁过来时的经历。奶奶那时是真心不喜欢妈妈,分家分给我们的房子也是最偏的。即使这样,妈妈还一直对奶奶特别好。印象特别深的是小时候家里无论什么时候做好吃的,妈妈一定会让我们去叫奶奶来一起吃,从来没变过。现在我也成家了,对待我的爸妈、公公婆婆也是一样的好,当然他们对我也好。

第三点是她对我们默默的付出和爱。我们姐弟三个年龄相差不太大,我比大弟大三岁,比小弟大五岁,上学的时间没隔几年。因为学校离家远,无论是走路还是骑车上学,八点钟上课,我们最晚七点钟就得出发。无论冬夏,妈妈几乎都是五点多一点就起床做饭。那时候没有闹钟,但不知道为什么,她总是能在那个时间起来。那么多年,我们几乎都没迟到过。妈妈这种作为女人、作为母亲的坚韧,可以说是十年如一日。

第四点是她勤劳和善良的品质。记忆中,我爸差不多是常年在外面打工。家里的地和三个孩子都是妈妈一个人操持,真的是没求过人。后来,我们三个人上大学,家里那会儿经济已经很紧张,可是但凡村里有人上门来求助,只要她能帮上的,就没有拒绝过。她勤劳善良、任劳任怨,赢得了村里所有人的尊重。这对我的生活习惯和工作态度起到了特别大的影响。

如果说可以为她做些什么,那我觉得就是多回家看看她,多接她来和我们一起生活(虽然她总是不愿意离开老家),多让她知道我很敬爱她。

团体练习

　　如果有条件团体学习的话,可以分 4~5 人一组,每个人在小组中分享自己的回忆和思考。然后,等所有人都完成练习后,再依次分享练习体会,特别是关于如何培育爱敬心的心得。

第二章。处理家庭关系的原则

家庭和睦是人生幸福的基础。家人间一旦出现严重的隔阂和对立，就会引发每个家庭成员深深的痛苦。本章将探讨待人以爱以敬这一原则在家庭中的运用，特别是如何对待父母、配偶和子女。

维护家庭的团结

每个人都渴望一个温暖的家。为了自己和家人的幸福，处理家庭关系，我们要以和为贵。特别是当与家人发生矛盾时，我们在照顾自己的同时，也要注意维护家庭的团结。

在现代社会，许多人都和父母存在着紧张的关系。做孩子的怪父母管得太多，而做父母的怪子女不懂事。如果子女感到和父母的关系十分压抑，这个时候还逼迫自己去爱去敬，可能就会适得其反。但如果他们想要在精神上和父母完全分开，也并不可行。因为父母与子女之间存在着一种天然的联系。在这种情况下，比较理想的是，子女在维护自己独立性的同时，仍然能够注意呵护与父母的关系。有个朋友的经历很有代表性：

听话、懂事、顺从是我从小的标签，自从接触了西方心理学，我狠狠地撕下了它们。在接受了40次心理咨询，自学了一些心理学知识后，我懂得了什么是原生家庭、共生、依恋关系、你是你我是我，从此走

| 处理家庭关系,要以和为贵。
| 孝是一种能力。

向叛逆和任性的道路。从心理上与父母的分离给了我力量,同时也是痛苦的,其中有争吵有泪水,还有对父母隐隐的"恨"。为什么小时候不能多给我些空间和爱?至此我经历了与父母长达两年的分离。

当初我带着这样的无助与困惑来到工作坊,而现在这个问题似乎已经不是问题了。因为当我听到老师讲传统文化,讲我们和西方的区别,当我听到"你中有我我中有你"时,我的心有一点融化了,好像有个无形的手牵我过了河。正如老师所讲,在合中有界限,这让我深深动容。我想独立创业,因为之前和父母分离得太直接,所以得不到情感的支持。现在我可以捋顺了,其实父母也很想支持我,只要我开口父母就会来,我只要不像小时候那么言听计从就好了。这比之前用心理学解决问题轻松了很多。我知道成长之路还很长,希望可以不断学习,在爱中不断长大。

这位朋友发现自己从传统文化的学习中得到了有益的启发。《中庸》讲到"率性之谓道",这句话是讲人的生活要符合自己的本性。这是人生幸福的基础。解决家庭矛盾时,能够满足自己和家人对家庭和谐的渴望,才是比较理想的。所以,即使一下子做不到,也不妨考虑将其作为一个努力的方向。

如何对待父母

传统主张对父母要孝。什么是孝呢?张居正解释说:"善事父母,叫作孝。"善事父母,是指善于照顾父母。也就是说,孝是一种能力。今天,我们的生活水平比过去好很多,但如何处理与父母的关系,还是普遍的社会难题。从子女的角度,主要有两方面的困难:一是,与父母相处时感到压抑;二是,不能由衷地关心、照顾父母。这两个方面是一个硬币的两面,相辅相成,其核心是,做子女的感觉自己在父母面前浑身不自在。听父母的话吧,感到压抑;不听父母的话吧,又觉得于心不忍。

这个时候,如何处理与父母的矛盾呢?孔子说:"事父母几谏,见志不从,又敬不违,劳而不怨。"孔子的意思是说,要委婉地表达与父母的不同意见,父母如果不听,也不要心生怨言。孔子并不赞同盲从父母,但他主张子女在与父母有冲突时要保持敬重。只有这样,做父母的,气才顺,哪有做父母的想听子女教训自己?而且,也只有这样,做子女的,才会安心。否则,即使一时痛快了,心里终究纠结。所以,孔子讲的子女处理与父母矛盾的方式,于人于己,都是做子女的需要努力做到的。

做到这一点的关键是,做子女的,要理解自己究竟卡在了哪里。一般来说,我们对父母都有着深厚的感情。如果可以很好地理解和照顾自己,并消除对父母的积怨,那我们就能够在冲突中更好地保持对父母的尊重。下面是一位朋友通过深化对自己和父亲的理解,重新亲近父亲的故事。

在《我的父亲》一文中,她写道:

如果你看我的结婚录像,你会看到我出门那天身穿婚纱坐在床上,等待新郎时笑得合不拢嘴。你还会看到我母亲拉着我的手,泪眼婆娑地叮嘱我好好过日子时,我敷衍着点头答应,笑容里、眼神里充满了对离家的热望。结婚是我当时想到的最合理的离开父母的方式。为此,我曾同时谈了三场恋爱,只盼其中一人求婚,无论是谁,我便可速速答应,从此远离生我养我的家,远离我的父亲。

> 子女在与父母有冲突时要保持敬重。

显然,她对父亲有很深的怨气,但表面上她却是个乖乖女。婚后,当父亲提出要和她一起住的时候,她违心地答应了。她在文章中描述了当时的情形:

婚后我过了一段轻松自在的日子,朋友说能看见我笑了,先生说我比以前活泼了,我还有了一个可爱的女儿。一天,我接到父亲的电话,让我回家一趟。我回家后得知,他的住所面临拆迁,而他打算搬去与我同住,晴天霹雳可能就是这种感觉吧。多年的讨好习惯令我连略一沉吟都没有,便虚伪地答应道:"那太好了,您愿意来我这住是我的福气!我是您闺女,您不来我这,还想去哪儿呢?您这是愿意来,您不来我还得求您来呢。"父亲满意地笑了。虽然我嘴上这样讲,但心里却一百个不愿意。于是,我和父亲又住在了同一个屋檐下,而心里的距离却无比遥远。表现出来便是,除了出门前的道别和进门时的问候,我与父亲一句多余的话也没有。

这时,非暴力沟通的学习帮到了我。2013年机缘巧合,我参加了阮老师主持的工作坊。在工作坊中,我第一次了解到原来除了一大堆想法外,我竟是个活生生、有感受、有需要的人。课上小组练习时,小组同伴听完我的小故事,把写有需要词语的卡片一张张递给我。其中一张就像有魔力,一看到它,我的手竟不由自主地发抖,眼泪也毫无心理准备地奔涌而下。同伴问我:"你是需要安全吗?"我哽咽得说不出一个"是"字,只有拼命点头。那张有魔力的卡片如火把一般点亮了我的心,电光石火之间,我似乎一下子明白了:多年来,自己到底在苦苦寻觅什么。

在工作坊，她获得了倾诉的机会以及对自己深深的理解，使她不再被动地任由内部情感摆布，而主动地去把握自己的生活。接着，她就试着运用工作坊里面所学的方法去体会她的父亲。她父亲喜欢在吃饭时听广播，边听边发表评论。

在广播报道一起烟花爆竹引起的爆炸坍塌事故时，父亲激动地说："桥怎么通过验收的？违法运输车是怎么一路闯关过卡的？分别是谁的责任？查出来，严办！我就不信了！"我一边默默吃饭，一边在心里琢磨父亲的情感和心理需要。他是不是希望社会有秩序、人民的生命财产有保障？这样他会觉得安心、安全吧！父亲竟然也需要安全?！想到这里，我鼻子一酸，忙低下头假装专心吃饭，嗓子却哽咽着，什么也咽不下去，真没想到这个整天喝酒骂人的"恶魔"竟然和我一样，也有对安全的需要。第一次，父亲的形象在我心里生动了起来，我心里那块硬邦邦的地方竟升起了一缕柔情。我端着碗走进了厨房，草草收拾一番后返身进到卧房。关上门，我扑倒在床上，脸埋在被子里，心里酸楚又喜悦——为什么受了那么多年的苦才看到父亲的心？我终于看到父亲的心了！我任由泪水肆意横流。这是温暖且幸福的泪水，是父女之间心心相亲的泪水。

虽然她把父亲看作"恶魔"，却又渴望亲近父亲。这也许就是庄子所说的"子之爱亲，命也，不可解于心"吧。从那以后，虽然她和父亲的话仍然不多，但她继续在父亲讲话时留意他的情感和心理需要。直到大约半年后，终于有一天，她听到了父亲讲述他内心深处的苦与乐。

在人生的旅途中,我们深深地渴望与家人情意相通。

下午,父亲在用电脑玩"空档接龙",我没话找话地说:"爸,您玩'空档接龙'呢?"父亲看也没看我一眼:"滚,该干吗干吗去,别打扰我。"我的目的很明确,我要和父亲亲近,无论父亲说什么都不影响我的目的。我打定了主意,于是继续没话找话:"哦,您想一个人安安静静地玩一会儿啊?""那是。"父亲继续专心玩牌,我就在一旁安静观局。玩到关键处,父亲对我说:"你看着啊,我现在动一张牌,然后这一串牌就全上去了。"接着,父亲轻轻一点鼠标,一串扑克哗啦啦地回到了各自所属花色的位置。我看着得意的父亲,笑着问他:"哇,玩到这境界,您是怎么做到的?"父亲把头一扬说:"我已经玩了两千多局了,'空档接龙'你们谁也玩不过我。"就这样你一言,我一语,我和父亲聊起天来,聊着聊着就聊到了父亲小时候的经历。说到伤心处,父亲略一沉吟,清了清嗓子。我猜父亲可能想压抑情绪,但我更希望走进父亲心里,听父亲痛痛快快地吐一吐心里的苦与乐。于是,我沉下心来体会父亲的感受、父亲的需要,每句回应都紧贴着父亲的心理。父亲终于没忍住,嘴唇微抖,眼泪滚滚而下,有很长时间说不出一个字,只是哭,还不时从胸腔深处发出"唉"声。我从未见父亲如此哭过,也从未对父亲如此深刻地理解过。我拽过张垫子坐在父亲脚旁,握着父亲的手,静静地偎在父亲膝旁,心疼、感动且幸福。不知过了多久,父亲哭声弱了,紧握的手一点点放松了,又长叹了几声,身体也放松下来。虽然眼圈仍红着,但脸色明亮,脸上也有了笑容。我和父亲微笑对望着,很久没说一字,似乎不用再多说什么,又似乎都在享受这安静的甜蜜。我心里充满着和父亲情意相通的幸福感。那天下午我出门办事,走在街上心里敞亮、腰杆有力、脚步轻盈。从那以后,我和父亲的关系有了质的变化,我们彼此关心,并且有一种默契。

这是六七年前的事情。从那以后,她和父亲的关系发生了深刻而稳定的转变。在最近几年,对传统文化的学习,也让她能够欣赏父亲身上的一些优秀品质,比如说坚强、坚韧等,从而发自内心地敬重父亲。在最近的一次通话中,她问父亲有没有什么要嘱咐她的。父亲回答说:"没有。你们都大了,我老了。"她感到有些心酸。她说:"想起小时候,父亲对我和哥哥从学习、生活到专业的选择,从恋爱、就业到育儿总有方方面面的要求,如今竟什么也没有了。"她居然反而开始留恋父亲的教诲了!这对她来说是多么巨大的转变啊!

就这样,这位朋友一步步地贴近父亲的内心,从害怕、排斥父亲,变得亲近和关心父亲,最后父女都体会到了至深的父女之情。不论他们的人生曾有多少艰难困苦,我相信这都一定会给他们带来难以形容的安慰和甜蜜。

今天,我们许多人在与父母的关系上都遇到了困难。如果我们能够更好地理解和照顾自己,更深地体谅和欣赏父母,那我们就能够更由衷地关心父母。这样,我们不仅不会失去自己,还可以使自己与父母的生活更加惬意。

如何处理夫妻关系

传统主张"夫妇有别"。在《晚学盲言》中,钱穆先生谈到,"别"在这里是指"夫妇与夫妇间必有别,亦泛指男女有别"。这是强调夫妇之间要相互忠诚。这实际上反映了人们普遍的心理。就像渴望亲密无间的父子亲情一样,我们也渴望婚姻中能有患难与共的真感情。虽然我们可能会为了对方的幸福,在自己落魄时,希望自己的爱人能够有别的选择,但我们还是

> 我们渴望婚姻中能有患难与共的真感情。

渴望,不论贫穷、疾病,还是遭遇其他的苦难,我们都能体会到对方的感情。

《水浒传》第八回讲到,林冲被刺配沧州道后,坚持要休妻。他写下休书:"东京八十万禁军教头林冲,为因身犯重罪,断配沧州,去后存亡不保。有妻张氏年少,情愿立此休书,任从改嫁,永无争执。委是自行情愿,即非相逼。恐后无凭,立此文约为照。年月日。"

林妻悲痛不从。她父亲张教头嘱咐林冲说:"你顾前程去,挣扎回来厮见。你的老小,我明日便取回去,养在家里,待你回来完聚。你但放心去,不要挂念。如有便人,千万频频寄些书信来!"

林冲身陷囹圄,想的不是自己回来后有没有着落,而是担心自己妻子的未来。林妻看到丈夫前途莫测,却不离不弃。彼此都是发自内心地爱对方,而不是替自己的未来考虑。张教头的嘱咐又说出了林妻未曾表达的牵挂之情。

林冲夫妻患难与共,体现了他们对自己爱人的情义。然而,我们发现,虽然我们渴望亲密无间的夫妻感情,但现实生活却和许多人的期待有很大的落差。

有个朋友谈到她在夫妻关系中遇到的挑战。她这样写道:

孩子两岁时,先生因工作需要到了外地,我们过起了聚少离多、两地分居的日子。跟他电话时,我最烦的一句就是"早点睡吧"。

"你想我吗?"

"想,早点睡吧。"

"我今天拔了智齿,现在腮帮子都肿了,特别疼。"

"哦,那早点睡吧。"

"你在干吗呢?"

"打牌呢,你早点睡吧。"

每次放下电话,我都觉得挺失落,想说的没说出来,想听的也没听到。睡不着时,想着想着,还会流下眼泪。渐渐地,我不再主动打电话。我想或许他有时不方便接电话,于是就把自己的心情和关心的话语编辑成一段段文字,发短信给他。但许多次,短信就像石沉大海,激不起回复的浪花。有时,我沉不住气,问他:"你收到我给你发的短信了吗?"

"收到了,我都看了。"

"那你怎么不回呢?"

"你那个又没有具体的事儿。"

好挫败呀,我想和你谈心,想听你对我的思念,你却只想和我谈事儿,这短信发得真没意思。灰心之余,我也不再主动发短信。

这位女士与爱人两地分居,难免思念之苦。可是,她爱人却不太能够关心她情感的需要,这让她感到很灰心。幸运的是,后来她开始学习非暴力沟通,找到了一些可以陪伴和倾听自己的朋友。她说:

在2013年,我参加了阮老师的工作坊,结识了一些谈得来的朋友。特别是一位姐姐,我对她很信赖,有心事时,就和她打个电话聊一聊。姐姐会倾听我,帮我理解我抱怨的对象,有时也会给我出主意。每次电话后,我心里都觉得轻松、踏实、透亮。我心里很感谢姐姐,在她的陪伴下,我增加了对自己的接纳、对孩子的欣赏,以及对先生的理解。

然而,从先生那里无法得到自己想要的陪伴和体贴,始终是她的一个心结。这样的日子持续了好些年。后来,她意识到,既然想要把日子常念一份情。

好好地过下去,就不要强人所难,而要尊重她先生的沟通习惯,同时多想想他的优点。她回忆说:

后来我又参加了工作坊,阮老师讲到的"常念一份情""爱一个人要考虑他的需要"等观点对我很有启发。我感觉自己有点过于执着于对先生的一些要求,以致对先生非但不是"常念一份情",而是"常念一份怨"。比如,我问先生:"你爱我吗?"先生回答得快了,我觉得他不走心;回答得慢了,我就说:"这还用想吗?"反正先生怎么说,都能被我挑出错来。我好像把劲儿都用在了要求先生说我想听的,做我喜欢的,而没有想想自己可以为先生做些什么,也很少想要感谢先生对家庭的贡献。

回到家,我从尊重先生的沟通方式开始,不绕弯子,多说具体的事情,没想到我们的交流反倒多了起来,而且感觉也挺轻松。同时,我也有意去多想想先生的好:家里有什么东西坏了,都是先生默默修好;我要出门,先生会帮我安排好机票和住宿;答应我和孩子的事从来没忘过……念着先生的好,我的心也变得柔和,我开始留意自己还可以为先生做些什么:他在电脑前久了颈椎不舒服,我就给他揉一揉肩颈;他晚上睡不好,我就在睡前帮他热一杯牛奶……

这样,我们的关系也就越来越亲密起来。先生这个人其实有许多的优点,勇于承担、事业心强,许多时候对我也很温柔、体贴。虽然他不太能够注意到我的一些细腻的感受,但如果我能在这一点上多体谅他,心里就会敞亮许多,也能更珍惜他的好。

在夫妻关系中,我们容易漠视对方的好,因为我们觉得那是理所当然的。所以,我们需要注意,在遇到一些困难时,不要一叶障目,而要多留意爱人的优点和对自己的情。我过去常常提醒学员,别看我们在这里聊得挺好,你生病的时候,出现在你床头的是你的家人!同时,人各有所长,各有所短,不要对自己的爱人求全责备。这样,我们才可以理性、客观地对待我们的婚姻。

我们都渴望美满的婚姻。在恋爱和结婚时,我们就要注意找一个重情重义、能够共患难的人。但仅仅如此,还是不够的。因为感情难免会有波折,所以,更关键的是要学会呵护自己的感情。我相信,冷漠无情的人是有,但绝大多数的男人和女人其实都是有情有义的。只要我们注意呵护自己对爱人的感情,在婚姻的艰难时刻能够做到有情有义,同时又能多体谅、包容对方,绝大多数的婚姻都是可以稳定、和谐地持续下去的。

如何教育子女

传统主张对子女要慈。关于子女的教育,父母的慈表现在以下两个方面:一是,呵护子女的独立性;二是,引导子女走上正道。

首先,要呵护子女的独立性。由于深爱子女,父母教育子女时容易着急上火,以致过于逼迫孩子,这无疑会让孩子感到压抑和痛苦。如果小时候的经历过于沉重,孩子在成年以后可能仍然难以释怀。所以,父母要学会克制自己的冲动,并注意改善自己的教育方法。

其次,要引导子女走上正道。《大学》引用谚语,"人莫知其子之恶"。这句话的意思是说,溺爱孩子的人看不到孩子的缺点。父母有时容易严厉地对待孩子,在另一些时候又容易溺爱和放任孩子。这都是人之常父母的慈表现在：1）呵护子女的独立性；2）引导子女走上正道。

情。作为父母，我们要把慈爱和溺爱区分开来，该管的时候就要管。这样，我们才可以更好地培养孩子良好的品德和习惯。

在现代社会，许多父母在孩子上小学前，容易管教过松，没有把规矩立起来；等孩子上了小学后，又不给孩子过渡的时间，搞得孩子喘不过气来。在孩子上小学前严格一些，等孩子上了小学后，注意给孩子时间来适应新的要求，这才能体现父母的慈。

也就是说，父母的慈要兼顾呵护子女的独立性和引导子女走上正道这两个方面。如果不注意前者，对孩子过于逼迫，孩子就会对父母敬而远之；如果不注意后者，对孩子过于宠爱，孩子就会自高自大。两者都会影响孩子的健康成长。

然而，近二三十年来，有些教育理论主张父母要宽松地对待孩子，给予孩子宽松的成长环境，甚至让他们不要引导孩子。虽然这样解决了一些过去教育中存在的对孩子管教过严的问题，但同时又带来了一些对孩子管教过松的问题。

不久前，有个朋友谈到她育儿的困难：

我儿子现在上一年级。上学之前，由于想要呵护他的个性，我尽量不去约束他，对他没有太多的要求。对他的学习，我也是如此。我原本以为这会激发他学习的热情，但上学以后，他对学习并没有什么兴趣。对此，他的老师意见比较大，我也感到很苦恼。除了学习，我还担心他的一些习惯。比如，对大人没有礼貌，一般不打招呼；比较自我，什么事不如他的意愿就发脾气等。出现这样的情况，是不是因为我之前的约束和指导不够？现在我的问题是，我制定规则或者约束他的尺度的范围不好掌握，不知道什么该管、什么可以保持不变。

好像界限不清,但是界限到底应该在哪里,我很难确定。

这位朋友原来倾向于尽量不给孩子任何的束缚,但后来又想要引导孩子。她关于界限的困惑,实际上反映了她摇摆于两种不同的倾向之间。她表达的愿望是有一定代表性的。在一片尊重个性自由或不干预孩子的声音中,绝大多数的家长考虑到孩子的学业、社会交往等方面的需要,仍然希望给予孩子思想和行为上的引导。但由于指导思想的混乱,许多家长感到左右为难,无所适从。

要解决这个问题,家长需要反思自己的教育理念。现代流行的一些西方思潮反对外界价值观的引导,主张让孩子发挥天性,长成他自己特定的样子。在《论人的成长》中,卡尔·罗杰斯在分享大团体工作的经验时甚至说:"或许最重要的是一个惊人的转变,放弃从自我之外寻找答案、价值观和标准。非常明显地,人们开始在内部寻求他们体验到的有价值的东西,而不是寻找别人告诉他们的有价值的东西。毫无疑问,他们开始具备生活在新时代的第一个条件。"这些思潮鼓励我们向内看,去了解和创造符合自己内心需要的生活,有它积极的一面。但如果我们完全接受这样的观点,只是向内去寻找人生的指引,那么,我们就难以在价值观和行为规范上给予孩子积极的引导。

从我们的传统来说,不仅外界引导对培养人成才是必要的,父母也应当承担起引导子女的责任。如果我们认同这一点,那就应该积极行动起来,给予孩子明确的指导。有个家长谈到她教育理念的转变及其对孩子的影响:

我是两个男孩的妈妈。以前,我很重视孩子的自由和个性发展,对他们的一些行为不知道要不要管,更不知道从何管起。因为我生怕给孩子带来压抑和束缚。比如,过去在冬天时,一进门,两个孩子身上的衣服和帽子能脱满沙发,甚至扔满地面。我也觉得乱,但是没有什么办法。后来,我学了《论语》等传统文化的内容,开始有意识地培养他们良好的生活习惯。比如说,《弟子规》讲到"置冠服,有定位",这句话对我很有启发。我买了个儿童衣架,并在大白板上郑重地写了那六个字。然后,他们天天看、天天执行,很快就改了乱扔衣服的习惯,而且出门不用问我衣服在哪里。

除了培养他们良好的生活习惯,我现在还特别重视教给他们处理人际关系的道理。有一天,我们家四岁的弟弟决定叫六岁的哥哥的名字,而不是叫哥哥。原因是哥哥叫弟弟的名字,而不是叫弟弟。他很委屈,觉得不公平。他说:"为什么爸爸妈妈和哥哥都可以叫我名字,只有我不可以叫所有人名字。"如果按照我接触传统文化之前的想法,弟弟说的其实没什么错啊。好在发生这件事的时候,我已经有了一些传统文化的基础。于是,我先听完弟弟的委屈,说出了他此时的感受,然后抱着弟弟对他们解释说:"你们记不记得我们学的'兄道友,弟道恭'?这里头是有道理的。哥哥,你不能得意哦,哥哥不是白叫的,哥哥要护着弟弟,弟弟才叫的心甘情愿。弟弟,你尊重哥哥,哥哥就更愿意保护你,对不对?哥哥照顾弟弟,弟弟尊重哥哥,我们相互更加有爱,对不对?"弟弟破涕为笑,再也没有说过要叫哥哥名字。

下学期,我的大儿子就要上小学一年级了。看到他已经养成了不少好的生活习惯,也更加懂礼貌,我心里踏实了很多。我很庆幸自己从传统文化那里得到了启发,能够有效地去培养孩子良好的品德和习惯。

从这个例子中，我们可以看到，选择怎样的教育理念，关系到我们是否能够取得自己想要的教育成果。

总的来说，在教育子女时，父母的慈既体现为呵护孩子的独立性，也体现为引导孩子走上正道。作为现代的家长，面对复杂多样的教育思潮，我们一方面要有开放的心态去了解不同的文化，另一方面也要看到传统教育对现代生活的重要意义。这样，我们就可以从自己的传统文化中找到方向和力量，而不再左右为难、无所适从。

小结

家庭和谐关系到每个家庭成员的幸福。在处理矛盾时，我们要注意维护家庭的团结。

传统主张对父母要孝。处理与父母的矛盾时，我们要注意保持敬重。一般来说，我们对父母都有着深厚的感情。在冲突中，如果能够更好地理解和照顾自己，并消除心中的积怨，就可以更好地爱父母敬父母。

传统主张夫妻之间要重情重义、患难与共。这反映了人们普遍的心理。为此，我们需要注意呵护自己对爱人的感情。如果我们能够有情有义地对待自己的爱人，那一般来说，也可以感受到爱人的情义。

传统主张对子女要慈。关于子女的教育，父母要注意呵护子女的独立性并引导子女走上正道。作为现代家长，如果看到传统教育的时代意义，我们就可以从自己的传统文化中找到方向和力量。

练习二：体会家人的愿望

孔子说:"己所不欲,勿施于人。"人性是相通的。比如说,做父母的都不会希望子女不尊重自己。通过体会我们对子女、配偶和父母的期待,我们就可以加深对自己的父母、配偶和子女的理解。虽然他们期待的和我们期待的不会完全相同,但这么做,可以拓宽我们的思路,使我们可以更好地照顾自己的家人。

个人练习

练习内容:在下面表格空白处,写下你的思考。

对父母	
我不希望子女怎么对待我?	我希望子女怎么对待我? (我可以怎么对待父母?)
对爱人	
我不希望爱人怎么对待我?	我希望爱人怎么对待我? (我可以怎么对待爱人?)
对孩子	
我不希望父母怎么对待我?	我希望父母怎么对待我? (我可以怎么对待孩子?)

个人练习示范

对父母	
我不希望子女怎么对待我？	我希望子女怎么对待我？ （我可以怎么对待父母？）
• 不尊重 • 自行其是	• 尊重 • 听取意见
对爱人	
我不希望爱人怎么对待我？	我希望爱人怎么对待我？ （我可以怎么对待爱人？）
• 不忠诚 • 不尊重 • 不体贴	• 忠诚 • 尊重 • 体贴
对孩子	
我不希望父母怎么对待我？	我希望父母怎么对待我？ （我可以怎么对待孩子？）
• 以势压人 • 唠唠叨叨	• 循循善诱 • 给予空间

团体练习

如果有条件团体学习的话，可以分3人一组，按主题（如对父母）依次分享自己的思考。完成所有主题的分享后，每个人再谈谈自己的练习体会。

第三章。处理工作关系的原则

一个和谐高效的团队将给我们带来深深的满足感。而与同事发生严重的冲突,不仅会给我们的生活增加许多压力,而且还会影响我们的工作成效和职业发展。为了处理好工作关系,我们需要掌握相应的沟通原则。本章将介绍待人以爱以敬这一原则在工作中的运用,特别是如何对待上级、平级和下级。

以大局为重

处理工作关系,要以大局为重,而不是凭着自己的习惯或感情的好恶来处理事情。

有位朋友分享了自己的一个故事:

在北京工作坊中,我请同学扮演我的一位同事,然后在模拟对话的过程中,我意识到自己说话的口气有点急。从北京工作坊回来,我来到单位上班,一早就和那位同事讨论部门的工作。对他工作的态度和安排,总体上我是认可的,但其中有一项,我有点疑虑。刚想提出来,我停顿了一下,提醒自己别急着说不满的地方。然后,我就打住了。若是以前,我觉得有什么不妥就会立刻说出来,感觉更有效率,也怕后面忘记了。但我现在意识到,这样会让他觉得扫兴,打击

> 处理工作关系，要以大局为重，
> 而不是凭着习惯或好恶来处理事情。

他工作的积极性。所以，耐心听完后，我没有再急着指出他的不足，而是表达了我对他的肯定。我想，如果有什么修改意见，可以等后面专门找时间再详细讨论。反正没那么急，别在他兴头上打击他的积极性。

在工作中，由于讲究效率，这位朋友倾向于尽快指出同事工作中的不足。虽然这样做常常是必要的，但可能也会打击同事的自信心和积极性。考虑到这一点，在这次互动中，她有意调整自己的习惯，表达了对同事的肯定。

还有个朋友谈到了她作为甲方和合作伙伴的一次冲突：

昨天下午跟印刷单位讲好了，今天上午他把资料送过来。上午一上班，我就在QQ上问他大概什么时候送到，还告诉他下午我们办公室就没人了。结果，对方向我发来了一段又一段的语音。他情绪很大："说不准，也许下午，看情况。我们也是有很多事情要做的，不是只为你们这一个部门服务的。我们已经抓紧配合你们了。你们只考虑自己，说什么下午人不在了，就要我们上午送过去。从昨天下午到今天上午，就一直问我什么时候送、什么时候送……"

听了他的语音，我就火了，心想："我才讲了两次，怎么就一直催了！"我感觉到自己有一股劲，想跟他掐上、对吵发泄一下。但这个时候，我想到，此刻我最主要的需要，就是让他及时在上午把资料送过来，而且，我还希望，大家以后还能有好的合作。于是，我就静下心来，想了想对方可能是什么情况，然后才给他回复："你是不是有一种被我们逼迫的感觉，内心极不舒服？从你的语音中，我能感觉到你有很大的情绪。我希望我们之间的合作是愉快的。这件事主要是我的同事在沟通,具体细节和时间方面,我不是很清楚。昨天领导说他想看一下,考虑到下午我要休假回家,所以一上班就给你发了消息。没想到我的询问带给你一种逼迫的感觉,真是抱歉。"

后来,对方回复了一句:"我上午给你送过来。"结果不到一个小时,他就把资料送到了我的办公室。然后,他跟我说了很多,能感觉到他很动感情也很真诚。我也再次解释我们的情况,说明为什么一上班就催他。在这样的交流中,我们之间的距离瞬间就拉近了。

作为甲方,在与乙方的交流中,往往占据主动地位。当我们占据主动的时候,更需要注意对人以礼相待,使大家可以愉快合作。这位朋友在冲突中克制了自己的冲动,表达了对乙方的尊重和体贴,最后使自己的工作得到了高效的支持。

孔子说"以直报怨"。他的意思是说,在别人对我们有意见的时候,我们要根据事情本身的是非曲直来做回应。处理工作中的矛盾,我们需要以大局为重,看看怎么解决问题,能够有助于工作目标的实现。

如何对待上级

上级负责指导和安排我们的工作。要处理好与上级的关系,我们心中就需要对他们有一份敬重。这样,我们才能够真正把他们的工作要求放在心上,并尽可能地去完成。如果能够做到这一点,我们也就容易得到上级的肯定和欣赏。

以礼相待，使大家可以愉快合作。

> 尊重上级是处理好与上级关系的基础。

有个朋友曾和我谈到她和领导关系的变化：

两年前刚换了新岗位，我觉察到自己对新领导有很多不满，内心深处非常不认可她。后来，她又经常在一些细节上对我"挑剔"，我更是不满了。我心想："只有那些没能力的人，才在细节上挑剔呢！"我这样的心态，相信对方也能感觉到，这对我们关系的和谐一点好处也没有。

那次工作坊回来后，我努力去看她的优点，看她做得好的部分，慢慢地发现自己的心态有了变化。一方面，能切切实实地看到她的很多优点，比如考虑问题站的位置比我高、细节方面考虑比我周全、愿意学习和改变、正直等等；另一方面，也切切实实地意识到自己不足的地方，比如在业务能力方面确实需要努力提升、在细节方面确实有些考虑不周等等。不知不觉间，自己的内心就变得平和起来，对她也有了尊重。此外，我对有些事也不那么嫌麻烦了，能尽自己的努力去做好每一件事，且有所担当。这时，我发现一个很奇怪的现象，那就是她对我也是越来越满意。她不仅很少"挑剔"我了，而且还常常敞开心扉跟我谈她在工作上的想法，听我的建议和想法，逢人就说我的好。

阮老师在工作坊中提到的"严于律己、宽以待人"给了我启发。面对他人的批评和指责时，注意反思自己的不足以及理解他人，能够帮助我平静下来。如果心里缺少对对方的尊重和关心，就很容易被自己的成见和情绪左右，没有定力来化解冲突。

这位朋友通过调整自己改善了与领导的关系。从她的这段经历，我们可以看到，一个人的心态对工作和上下级关系的重要影响。作为下级，我们对领导要有一份尊重，要能坦然面对领导合理的批评和要求。这是上下级的工作关系决定的。下级不尊重上级，上级缺乏必要的权威来管理下级，工作也就难以落实。在工作中，领导常常显得有些严厉，一般来说，那并不是对我们个人的不满，而是领导需要得到积极、有效的配合。出于工作的职责，我们需要用心领会领导的意图，审视自己的工作态度并改善自己的工作。这并不是说我们就要对领导唯唯诺诺。作为下级，在必要时，我们要勇于表达不同意见，但这个时候，仍然要注意保持尊重。

总的来说，尊重上级是我们处理好与上级关系的基础。我们要注意培育自己对上级的尊重，并落实到行动中。

如何对待平级

在工作中，每个部门都是对上级负责，对工作有各自的安排。一个部门迫切希望得到配合的事情，未必是另一个部门想要优先解决的事情。这样，为了争取资源和维护自己，部门之间容易互相批评、指责。这给许多人带来很大的压力，也很影响组织的凝聚力和战斗力。

面对这个矛盾，首先要明确，我们是对上级负责。我们可以把其他部门的诉求纳入考虑，但最终决定本部门工作优先顺序的，是上级的要求。这样，我们的工作目标有时难免就会与其他部门的期待存在落差。如果想明白这一点，我们就能较为坦然地面对其他部门的要求。如果他们的要求符合本部门的任务目标，我们就可以反省和调整自己手头的工

> 处理平级关系，要立足于做好本职工作，同时注意维护团结。

作；如果他们的要求与本部门的任务相冲突了，我们就可以考虑给予适当的解释。总的来说，面对其他部门的要求，要坚持以我为主。

其次，要注意维护部门之间的团结。《史记·廉颇蔺相如列传》讲了赵国名将赵奢的故事。赵奢曾是赵国征收田赋的官员，因赵公子平原君家不愿交税，杀了平原君家臣九人。平原君大怒，想要杀了赵奢。赵奢就对他说道："您是赵国的贵公子，您要是放任家臣，就会削弱法令的威严，削弱法令的威严就会让国家变弱，而一旦国家变弱，诸侯就会攻打赵国，那样赵国就会亡国。到那时，您还能安享富贵吗？如果像您这样的人，都能奉公守法，那上下就会齐心协力，上下齐心协力，就会让国家变强，而一旦国家变强，赵国也就得到巩固。这样，您身为王上的近亲，怎么还会被天下人轻视呢？"平原君听了，觉得赵奢是个贤明的人，就向赵王举荐他。赵王任用赵奢来治理全国的赋税，赵奢公平执法，使民众富足、府库充实。在这个故事中，赵奢坚持自己工作的原则，得罪了平原君。但赵奢并没有把自己放在平原君的对立面，而是把平原君的立场和需要纳入考虑，最终得到了平原君的赏识。我们处理与平级的关系，也需要像赵奢那样，既要以我为主，又要注意维护团结。在与其他部门发生冲突时，也要有意识地去争取他们的支持。

为了做到这一点，我们就要学会从其他部门的角度来考虑问题。工作中，各部门的压力往往都很大，都很渴望自己可以得到理解和支持，同时也容易对其他部门产生成见和不满。这个时候，如果要让他们从我们的角度看问题，就要注意理解和关心他们的需要。

有个朋友分享了她解决和其他部门冲突的一次经历：

工作坊后上班第一天，我看到邮箱里有封来自公司运维部的邮件。邮件通知我,上个月,我部门所负责的障碍处理有超时情况,要被通报批评和扣罚。看到邮件的瞬间,我感到很意外,同时又生气又委屈。我们的工作一直都很到位,各位同事为此也很辛苦,怎么忽然就被通知要受通报批评,还要扣罚呢?

当时,我对周末学习的"如何表达对他人的理解"以及"提出自己的请求"还比较清晰。于是,我尝试着用学习到的方法,体会运维的同事的处境、困难,表达了对运维部的理解,同时也表达了自己的困惑不解。很快对方回信了,意外的是,运维的同事主动表达了对我部门的感激,解答了我的困惑,并主动提出解决方案,免除了对我部门的扣罚。

想到以前遇到此类事情,沟通通常很困难。为了各自部门的管理需要,双方往往坚持自己的立场,互不让步。而这次,我只是表达了对对方的理解,就获得了对方的主动支持,真的让我感到很欣喜。

不同部门之间的冲突往往只是为了做好本职工作,而不是一定要把对方怎么样。在发生冲突时,如果我们觉得自己占理,也不必得理不饶人,一定要对方认错改过。一旦引发不必要的争执,就会降低工作效率。我们可以多一些理解和正面沟通,来友好地解决冲突。如果对方坚持不让步,我们仍然可以据理力争。

每个部门做好本职工作,不同部门之间密切配合,对组织的生存和发展至关重要。在处理平级关系时,我们要立足于做好本职工作,同时又要注意维护团结。

> 通过倾听和有效回应员工的合理诉求，
> 可以加强员工的归属感和责任感。

如何对待下级

上级往往希望下级能以大局为重，勇于担当，更加积极主动地工作。但对这样的要求，大多数的普通员工会感到反感，因为现在工作的压力普遍很大，许多人甚至已经有点喘不过气来了。他们希望领导能够倾听他们的声音，在工作上给予更多的支持，同时有更好的福利和个人发展机遇。这样，管理者和普通员工由于彼此关注点的不同，就容易出现矛盾和冲突。

孟子说："治人不治，反其智。"孟子认为，管理的效果不好，管理者就要反思自己的管理方法。现代社会的管理者也需要注意这一点。在遇到困难时，如果管理者只是一味地要求和强制，那只会让员工越来越反感；反过来，通过深入倾听和有效回应员工的合理诉求，就可以加强员工的归属感和责任感。

下面的故事讲的是一个企业的部门领导成功解决工作分歧的一次经历。从这个故事，我们将看到，管理者通过关注自己的需要和员工的诉求，促进了团队目标的形成和推进。

今天，是部门骨干会议，我是部门经理，主持会议。

"大家先谈谈近期工作情况，还有上次会议部署工作的落实情况。"

小王谈了会儿工作，最后隐晦地表达："项目组对部门布置的相关工作态度不明确。"

对小王的困难,我是理解和同情的。我表扬了一下小王积极的态度,鼓励他"办法总比困难多",小王也表示将进一步开展工作。

到小陈了,他对上次会议相关决议提出质疑:"是否一定要这样?""是否有必要?""是否应该这样?"

问题不绝于耳,我心情更郁闷了,想着:"你早干啥了,上次会议不提,现在找到借口啦?"身体有点发紧,我点了一根烟。

小韩看了我一眼,接上小陈的话头,表示支持上次会议的决议,两人辩论开了。小纪、小王也掺和进来了,正方三人,反方一人。我没表态,放任了他们的讨论。小陈口才不错,一对三也侃侃而谈,理由一个接一个。

"这样的场景是我想要的吗?"看着有些混乱的会场,我脑袋里闪过一个念头。

我又点了一根烟……

"不,这不是我想要的!"

"那,我的需要是什么呢?""我需要尊重、方向感!"好像发紧的身体松弛了一些。

"先停一下！我想我们需要尊重上次会议的决议,这是我们共同讨论的成果。"小陈想插话,被我的手势挡住了,他的嘴唇喃喃动了几下。看着他的神情,我问自己:"他的需要是什么呢？他是否面临着某些不为我们所知的困难呢？"

我说道:"我也知道执行起来存在这样或者那样的困难,那大家想想,你们真正的需要是什么呢?"

大家高昂的头放下了一些,气氛好像安静下来了。

"也许,你们需要部门对你们的支持,部门与项目组的沟通。"

"或者,是我们近期的目标过高?"

……

小陈:"近期的目标太高,能不能分步实施? 先做……"

我:"我在乎的是方向,不能跑,走也行,大步走不了,小步走也行。"

小陈好像吐了口气。

"小陈,这样你觉得能推进了吗?"

他居然笑了:"可以,近期目标调低后应该可以,有什么情况再跟你汇报。"

"我还有个疑问,是不是一开始你就不反对上次会议决定要做的事,只是在你的工作范围内觉得进度安排过快?"

"是的。"

"谢谢你让我了解了你真正的困难。"

"有一点我再强调一下,对会议决议的尊重和沿着既定的方向前进,这对我很重要!"

"好吧,今天会议就到这。"

在这个故事中,管理者既坚持了他既定的原则,不改变大的方向,又体现了灵活性,考虑了员工提出的具体困难。作为局外人,我们无法评估他的决定是否合理。但在工作中,管理者如果想要员工以大局为重,就要把员工的具体需要纳入考虑。如果员工确实存在无法解决的困难,一味地要求员工要有大局观、服从组织安排,非但于事无补,而且还会造成关系的疏远。如果管理者善于倾听员工的诉求,就会鼓励员工继续反馈工作中的困难和需要,这将有助于管理者不断掌握最新形势和制定相应对策。

员工能够以大局为重,是组织凝聚力和战斗力的基础。管理者要解决这个问题，就需要通过了解和有效回应员工的合理诉求，来增强员工对组织的责任感和归属感。

小结

处理工作关系，要以大局为重，而不能凭习惯或好恶来处理事情。

在工作中，我们需要对上级负责。要处理好与上级的关系，我们需要在心中对上级有一份敬重。这样，我们就会自然地把他们的要求放在心上，并在行动中努力落实。这不仅有助于我们做好工作，还有助于我们得到领导的肯定和欣赏。

对于与平级的关系，我们既要以我为主，又要努力做好团结。我们要明确，本部门的工作安排要以上级的要求为准，并能坦然面对和其他部门之间的冲突。同时，我们又要能够从其他部门的角度考虑问题，善于沟通协作，争取其他部门的理解和支持。

对于下级，我们要有意识地培养他们的大局观和责任感。但强扭的瓜不甜，在管理出现困难的时候，我们要多反省自己的不足，通过了解和有效回应下级的合理诉求，来增强他们的归属感和责任感。

练习三：体会同事的愿望

通过体会对下级、平级和上级的期待，我们就可以更好地理解和支持我们的上级、平级和下级。

个人练习

在下面表格空白处,写下你的思考。

对上级	
我不希望下级怎么对待我?	我希望下级怎么对待我? (我可以怎么对待上级?)
对平级	
我不希望平级的同事怎么对待我?	我希望他们怎么对待我? (我可以怎么对待他们?)
对下级	
我不希望上级怎么对待我?	我希望上级怎么对待我? (我可以怎么对待下级?)

个人练习示范

对上级:尊重和支持	
我不希望下级怎么对待我?	我希望下级怎么对待我? (我可以怎么对待上级?)
• 没有担当 • 阿谀奉承 • 阳奉阴违 • 搞小圈子	• 勇于担当 • 专心做事 • 有话敢说 • 服从大局、团结互助
对平级:既自主,又团结	
我不希望平级的同事怎么对待我?	我希望他们怎么对待我? (我可以怎么对待他们?)
• 不考虑和积极回应我部门的需求 • 就知道催 • 打小报告	• 有大局意识、乐于协助 • 知道每个部门有其优先事项,多体谅 • 多理解、多肯定、有事正面沟通
对下级:要爱护,要提携	
我不希望上级怎么对待我?	我希望上级怎么对待我? (我可以怎么对待下级?)
• 不在意我的感受 • 独断专行 • 看不到我的长处和成绩	• 以礼相待 • 愿意倾听不同意见/具体困难 • 愿意肯定我、支持我、培养我

团体练习

如果有条件团体学习的话,可以分3人一组,按主题(如对上级)依次分享自己的思考。完成所有主题的分享后,每个人再谈谈自己的练习体会。

第四章。沟通四要素

爱的语言的核心是待人以爱以敬。待人以爱以敬，除了要考虑不同关系的特点，还要考虑双方的实际情况。对双方的情况，爱的语言特别强调关注以下四个要素：事实、情感、愿望和请求。本章将介绍这四个要素的内涵及其对沟通的意义。

了解和澄清事实

爱的语言的第一个要素是"事实"。"事实"在这里是指沟通双方的实际经历，包括双方看到的、听到的、想到的，等等。当我们看到一个好朋友心情不好时，我们常常会问发生了什么事情。如果我们在意一个人，我们就会去留意他的生活发生了什么，他是不是有什么困难，等等。

在带领工作坊时，我常常会邀请大家分组做一个练习。练习是三人一组。在开始练习前，每个人先花两三分钟回顾自己的人生经历，选择自己有意分享的六个点。然后，分组练习，三个人分别担任甲、乙、丙三种角色。在练习的第一环节，由甲用五分钟的时间介绍自己，乙和丙安静地聆听。在练习的第二环节，乙如实地反馈他听到的内容。在乙反馈完后，丙再补充乙没有反馈到的内容或与乙意见不一致

> 四要素：事实、情感、愿望和请求。
> "事实"是指沟通双方的实际经历。

的地方。要点是，乙和丙不要加入自己对甲的看法。接着，在练习的第三环节，甲谈谈自己练习的体会，同时还可以对乙和丙反馈不准确的地方作出澄清。在这个练习中，每个人都有机会担任甲、乙、丙这三个角色。

下面是一位朋友的练习体会：

当我以甲的身份讲述自己的经历时，另外两个小伙伴认真倾听我，我感觉特别温暖。这让我能够坦然讲述自己的遭遇。

在乙复述我的经历时，有两个点让我内心猛地一揪，眼泪差点流下来：一个是父亲对母亲的酒后家暴，另一个是初中自己抑郁时那个帮助我的男生。

我意识到，父母之间糟糕的关系带给我的伤痛并没有完全愈合。这个事情，我之前一直捂得严严实实的。所以，在这么安全的环境里提起，并被别人用心地复述时，我感到了自己内心的痛，同时也因为得到陪伴和倾听而释然一些。

另外，与那个男生的关系是我的一个心结。初中时的自己很自卑，最严重的时候到了近乎抑郁的状态。幸运的是，有一个男生在三年时间里一如既往地对我好。那种无条件的爱是我枯竭生命里的一股清泉，支撑我走过了人生最黑暗的岁月。但那时被家人要求上学不能早恋，我克制着自己。高考看成绩那天，我俩远远对望但没有交流。从那之后，我们彻底失去了联系。我很想表达对他的感激，但一直没有机会说。我很庆幸这次练习给了我一次表达自己的机会，让我可以打开心结。

第四章　沟通四要素

通过这次练习的经历,我认为可以对自己信任的人去讲述自己的故事。这个过程就是一种自我疗愈。

这看上去是一个很平常的练习。叙述者只是有机会讲讲自己的人生故事,并得到认真的陪伴和反馈。然而,和这位朋友一样,许多朋友在这个练习中都特别有触动。他们觉得自己得到了深深的接纳和理解。学员的反馈让我意识到,许多人在生活中缺少真正的沟通。他们希望有机会自在地去表达自己的心声,并得到认真的聆听。虽然他们回忆的、想到的,不一定都很客观,但他们有这样的一些想法,这就是事实。如果我们能够静下来聆听他们,把对他们的关切放在心上,我们的心就会接近。

同时,不少朋友还发现,准确地复述其他人的话并不容易。一是,我们很难记全别人讲的;二是,我们理解的和别人想要表达的有差距。这个发现对许多人改善关系都很有帮助。因为,如果像工作坊的现场那样,大家没有特别的矛盾,那么认真地听,还会有这么多误解的话,那实际生活中难免就会有更多的误解了。这个领悟也帮助人们看淡自己对他人的成见,并意识到澄清事实的重要性。

在生活中,越是亲密的人,越要注意澄清事实。因为我们往往会觉得自己很了解对方,仿佛对方还没有张口,就知道他要说什么。这就容易造成双方的隔阂。如果能够搁置成见,注意澄清事实,情况往往会比我们想的要好。我有个朋友以前有个烦恼是,她早上起来做早餐的时候,她先生经常会问:"今天早上吃什么?"那时,她孩子在家吃早餐,他们想要把早餐弄得丰富一点。每次听到先生这么问,她都感到很烦躁,觉

> 澄清事实的步骤:1)留意对他人的看法;2)明确观察;
> 3)核实观察是否准确,评估看法是否客观。

得先生对自己不放心。后来,她终于问她先生究竟怎么回事。她先生回答说:"如果你没准备,我就起来弄啊!"这时,她才意识到,他是想要帮忙,而不是觉得她早餐做得不好。

在对人有意见时,我们可以通过以下步骤来澄清事实:首先,留意自己对他人的看法;其次,明确自己的观察,也就是自己实际上看到了、听到了什么;第三,核实自己的观察是否准确,评估自己的看法是否客观。下面的表格以前面讲的早餐的故事为例,来说明这个过程。

澄清事实
1. 留意自己对他人的看法:
例 他对我不太信任,觉得我的早餐做得不够有营养。
2. 明确自己的观察:我看到或听到了什么?
例 最近,他经常会问:"今天早上吃什么?"
3. 我的观察准确吗?我对他人的看法客观吗?
例 这么短的问话,我应该不会听错。那他是不是真的嫌我早餐做得不够好呢?还是有别的原因?我可以问问他。

同样的,有时别人也难免会误会我们。面对别人的误解,我们也不妨冷静下来,聆听他人的看法,并给予适当的解释。

总的来说，如果想要增进与他人的感情，我们要有意识地去聆听和关心他人的经历。此外，我们还要留意自己对他人的看法，并注意澄清事实。

体会真实的情感

爱的语言的第二个要素是"情感"。情感为我们了解自己和他人提供了宝贵的线索。通过关注情感，我们就可以了解自己对一个事情真实的反应：我是赞同还是反对？喜欢还是不喜欢？我有多重视这件事情？我为什么重视这件事情？——这是自我了解的基础。同样的，关注情感还可以帮助我们更好地了解他人真实的状态。

在体会自己或他人的情感时，我们使用的词语越准确，就越能够贴近自己或他人的状态。下面的情感词汇表可以帮助我们具体地描述自己或他人的情感状态。需要注意的是，下面的表格把情感分成愉快的和不愉快的，是为了方便阅读和使用，而不是说，表格左边的情感就是"好的""积极的"，右边的情感就是"不好的""消极的"。从我们的传统来说，我们并不追求总是愉快地生活，而是追求做一个有情怀、有担当的人。然后，当喜则喜，当忧则忧。例如，范仲淹说过："先天下之忧而忧，后天下之乐而乐。"

> 情感为我们了解自己和他人提供了宝贵的线索。
> 当喜则喜，当忧则忧。

情感词汇表	
愉快的感觉	**不愉快的感觉**
喜悦　快乐　心旷神怡　开心	沮丧　灰心　消沉　伤心　绝望　悲伤　悲痛
自在　放松　放心　宽慰　轻松　舒适	害怕　紧张　焦虑　担心　苦恼　恐慌　恐惧
安宁　踏实　平静　镇静	烦躁　气愤　愤怒　生气　着急　不耐烦
温暖　感动　感激　欣慰　鼓舞　激动	内疚　惭愧
幸福　心满意足　陶醉	孤单　寂寞　失望　委屈　心凉　忧伤　郁闷
自信　有希望　乐观　自豪　舒展	遗憾　无奈　无助　尴尬
振作　欣喜　兴奋　热情　精力充沛	忐忑不安　纠结　犹豫
惊喜　喜出望外　心花怒放	反感　不情愿　嫉妒
憧憬　期待	迷茫　无力　麻木　悲观

在遇到矛盾时，我们可以静下来体会自己的情感，看看自己到底想要什么。有一次，我陪我爱人去看牙。一大早就起来，排队、挂号。等她终于看完病后，我去缴费。在排队时，不时有人直接去窗口那里。我感到有些不耐烦，心想这些人怎么这么不守规矩。这时，我就体会自己想要的是什么。我意识到，我有些累了，想要早点回去休息。这让我平静下来一些。然后，也想到了插队的人应该不是不守规矩，而可能是有事情要询问或之前办到一半的。这么一想，我也就能够继续耐心等待了。虽然这只是一件小事情，但它反映了关注情感的重要性。它可以帮助我们理解和照顾自己。如果我们不懂得关注情感，面对冲突时，我们常常就只有两种选择：要么卷入争执，要么憋着。

除了关注比较明显的情感,我们还需要留意内心深处的情感。对于与我们关系密切的人,我们的情感状态往往是复杂的。要理顺我们与他们的关系,我们就要允许自己看到内心深处的积怨,并给予自己适当的照顾。

有个朋友讲到她和父母关系的一个转折:

2018年6月,机缘巧合,我开始上阮老师的工作坊。我带着学习授课技巧的心态走进课堂,上完课后,却更想把自己和父母的关系梳理好。我不知道如何和父母良好地沟通。面对他们对我的指责,我更多的是委屈。

有一天,当母亲又一次说我当年学习不够努力时,我如鲠在喉。是抱怨父母,还是说说自己当年的感受?我选择了后者。因为我不想继续抱怨,而是想要改善与父母的关系。于是,我当晚就写了一封长长的信。信中没有对父母的任何指责和抱怨,而只是再现当年那个无助的我。接着,这封信由弟弟转交给了父母。

父母看信的时候,我不在现场。母亲后来说:"你当初要是告诉我们,就不是这样了。"我一时泪如雨下。是的,当年对学习感到不知所措时,我并没有告诉父母。我只是默默承受,然后按自己的方式去努力。母亲的话很简单,但我从她的话里听出了自己渴望已久的理解和接纳。

就这样,对我过去的学习,父母从此不再提及。这不得不说,是一个很好的转变。

> 允许自己看到内心深处的积怨，并给予自己适当的照顾。

从那以后，她开始可以比较自然地去关心父母。她接着写道：

这封信也打开了我和父母的心结。慢慢地，我去看望父母，不再是强迫自己，而是真的想去看望他们。

有一天中午，一家人一起吃饭。听到儿子说外公吐出来的痰里带着血，我才知道这个事情。父亲解释说是嘴里长了泡。我这才发现，儿子的细心远远超过我。儿子还观察到，刚开始上菜时，外婆不怎么吃菜，却叫我们吃，后来看到菜上得多才开始吃。儿子对我说，外婆是怕我们不够吃，所以自己不吃。那一刻，我鼻子一酸。我意识到自己对父母是多么地缺乏关注和理解。

从那以后，我打电话的次数就变多了。去年，我曾计划一周给父母打一次电话，刚开始时教条式地要求自己，但是没做到。现在，我很自然地就能拨通母亲的电话。表弟被大学录取了，哪怕只是一句话，我也要打电话告诉母亲。而之前，这样的事情，我并没有要打电话的想法。

无疑，这位朋友深爱她的父母。当她化解了与父母的积怨，就能够比较自然地去关心父母。要处理好与他人的关系，我们需要面对自己心里的怨和不满。有时，可能就像这位朋友这里所讲到的，我们需要的只是一些理解和接纳，就可以翻篇了。

情感是认识自己和他人内心世界的窗口。通过体会真实的情感，我们可以更好地了解和照顾自己。同样的，如果我们想要真诚地了解和关心他人，我们也需要关注他们的情感状态。

关注深层次愿望

爱的语言的第三个要素是"愿望"。在与人交流时，我们要注意了解自己或他人想要的是什么。除了了解表面的愿望，我们还可以关注深层次愿望。例如，一个女士希望她先生下班后早点回家。在更深的层面，她可能是需要得到陪伴、协助，或体会到先生的爱和忠诚等。我们越是了解彼此的深层次愿望，就越能够贴心地照顾自己和他人。

然而，在遇到矛盾时，许多人常常倾向于抱怨别人，却没有仔细想想自己的深层次愿望。反过来，在听到别人的批评和指责时，他们一般也很难去关心对方到底想要什么。如果我们在冲突中，能够注意聆听彼此内心深处的渴望，就可以加深相互的理解，然后再一起想办法来解决问题。

有个朋友在去年春节回先生老家前，和她先生发生了争执。她有只猫，名叫"烤鸭"。她不放心把"烤鸭"放在宠物店，想要带回去，但她先生对这样的安排有顾虑。这个朋友想到她在工作坊中的练习。于是，她就邀请她先生和她一起做练习。在练习中，他们用到了情感词汇卡和愿望词汇卡。下面是她记录的对话过程：

第一部分：争吵

我："过年把'烤鸭'带回老家可以不？"

他："不行。"

聆听彼此内心深处的渴望,就可以加深相互的理解。

我:"为什么?"

他:"送哪都行,就是不能带回老家。"

我:"……(各种磨叽)你怎么这么没爱心?!"

他:"我都说了不行就是不行!你哪怕送宠物店寄养都可以!"

我:"宠物店?不行的,'烤鸭'会郁闷的,宠物店只会天天关笼子里,也不会陪它玩,吃不好睡不好的。"

他:"那你想怎么办?除了带回老家,都可以。我已经答应你,同意在家里养猫,但带回老家就算了。"

我:"……"(又是几轮软磨硬泡)

他:"你一天天光围着猫转,能不能也关心一下别人。"

我:"那不带就不带吧,我还嫌老家天天开大门,各种环境对'烤鸭'不好呢……"

他(生气了):"你说什么?再说一遍试试?"

我:"……"(嘀嘀咕咕,不敢继续说,其实已经意识到不对了)

他(沉默不说话,盯着我):"……"

我溜了,关上房间门,去洗漱,洗漱过程中冷静了许多。

第二部分:倾听练习

我:"和我做个游戏吧。"

他(眼神疑惑地盯着我):"行。"

我:"……(拿出卡片,讲规则)你先来。"

(他开始体会我的情感,猜测我的愿望)

他:"你是不是有点着急,希望我能够支持你、同意你的请求?"

我:"嗯。"

他:"你是不是有点无奈,希望我能够理解你,给'烤鸭'一个安全的生活环境?"

我(眼睛开始湿润):"嗯。"

他:"你是不是有点焦虑,害怕'烤鸭'在宠物店会孤单可怜,怕它受委屈?"

我(开始抽泣吸鼻子):"嗯。"

他:"你是不是有点生气,觉得我不近情理,希望我包容你一些,能和你情意相通?"

我:"嗯。"

(轮到我去体会他的情感,猜测他的愿望)

我:"你是不是有点无奈,希望我能与你情意相通,能考虑家庭和睦的需要?"

他:"嗯。"

我:"你是不是有点着急、生气,希望我尊重你的想法,支持你的建议,把'烤鸭'送去寄养?"

他:"嗯。"

我:"你是不是有点孤单,希望我多关心你,不要老是只顾着'烤鸭'?"

他:"嗯。"

第三部分　达成一致

我:"咱俩彼此反馈一下?"

他:"你先说。"

我:"我觉得你说'无奈''焦虑'的时候很戳中我。确实如此,我很担心它,但我也不知道该怎么办,一心觉得带在身边最好……当然,我也为我刚才冲动的言语感到抱歉。我实际上不是那样想的,希望你不要介意。"

他:"我明白。那你想听我也说说我的想法吗?"

我:"嗯。"

他(拿起"无奈",找出"倾听"):"我更多的是感到无奈,我希望被倾听,还有被理解。我已经说出了我的建议,但你就是不听劝,我能怎么办?"

我:"我当时能想出的最好办法就是随身带着它啊,一心就想着这个呢。"

他:"我为什么觉得不带回老家就行?想不想听?"

我:"为啥?"

他:"三个原因:一是,我相信,把它放家里,给足吃喝,它能过得比你还好。二是,就算带回老家,你养哪里?天天关笼子?还是放养?老家都是天天开大门的,估计带回去就跑没影了,找都找不回来。或者你把自己和猫一起锁房间吗?过年回家也不管别人,就跟猫玩啊?三是,老家人多嘴杂,你知道乡下人的,人家要是说闲话怎么办?'啊,小夫妻赶时髦,不养孩子养只猫。'你不替自己,也替爸妈想想。"

我(点头)："说的是有道理,我刚才有点情绪化了。"

……

在这个互动中,通过她先生的反馈,她得到了很好的理解。这帮助她平静下来聆听先生的建议,并和先生达成了一致。最后,他们决定把猫留在家里。他们给猫准备了充足的猫粮、水和猫砂,并且在家里安装了两个摄像头观察猫的情况。七天后,等他们回到家时,猫反而和他们更亲密了。

在冲突中,我们有时可能需要得到一些陪伴和倾听,才可以更好地理解他人。同时,如果我们能够多留意其他人的深层次愿望,并表达对他们的理解和关心,那么,他们也就比较容易静下来听听我们的看法。

下面的常见愿望词汇表,可以用来帮助我们理解一个人的深层次愿望。

常见愿望词汇表
运动　稳定的住所　休息　睡眠　健康　安全
情意相通　平静　家庭和睦　成长
乐趣　放松　方向感　诚实　信任　倾听　开放的心态
理解　接纳　原谅　包容　合作　肯定
尊重　支持　体贴　和谐　情义　友谊　效率
自主　信心　力量　关心　学习　意义

> 把理解一个人和认同一个人区分开来。

运用这些词语来理解自己和他人时,我们要注意避免不讲原则地合理化自己的状态。比如说,有一次,我请朋友对我的一个方案提意见。结果,我听到朋友的点评后,却生气了。我觉得她不够尊重我,但仔细一想,既然请别人提意见,就应该允许别人坦然地表达自己的看法,否则以后别人还怎么给你提意见呢?想到这里,我的气消了,就向她道歉了。由于这些词汇提到的"尊重""理解"等愿望,反映了人们普遍的心理,我们容易用它们来合理化自己的状态。所以,我们要注意,在特定的情境中,承认自己或别人有这些愿望,不代表相关的诉求是合理的。我们需要把理解一个人和认同一个人区分开来。

此外,价值观反映了我们看重什么,希望自己的价值观得到理解和支持,是人们最常见、最强烈的愿望之一。我们需要意识到,人与人的和谐离不开价值观的和谐。越是亲密的关系,越是如此。现在,由于价值观的差异,许多中年人与老人、孩子的沟通出现了困难,在教育子女上,许多家庭也出现了比较大的矛盾。要处理好这些矛盾,我们需要以开放的态度学习不同的价值观,乐于改正自己的不足,并善于分享自己的主张。

有个朋友原来不太喜欢她的孩子和姥爷多接触,怕老人给孩子不好的影响。后来,她意识到培养孩子对长辈的敬重的重要性。她讲道:"上周重阳节孩子幼儿园有活动,邀请老人报名才艺表演,我主动说让我爸去唱段京剧。我知道他肯定愿意去,并且这会使孩子对姥爷的敬有增无减。要是换成以前,估计我不会说让我爸去的,因为我不认同他,心里也不希望孩子喜欢他。"当她的价值观念发生变化,她也就调整了自己教育孩子的方式。这不仅对孩子与姥爷的关系是一种促进,对她与她父亲的关系也是一种促进。

总之，关注深层次愿望，有助于我们促进相互的理解，并一起寻找办法来解决问题。我们还要意识到，真正的和谐有赖于价值观的和谐。我们需要注意反省自己的不足，并在有需要时，能够想办法凝聚价值观的共识。

明确具体的请求

爱的语言的第四个要素是"请求"。在了解深层次愿望后，我们要注意明确自己究竟希望对方怎么做；同时，也要关心他人对自己有什么具体的期待。明确彼此的请求，将有助于我们建设性地解决问题。

我有个朋友为自己爱抱怨感到烦恼。她谈到唠叨的坏处：

对于有些人来说，唠叨是一个很难自我控制的事情，尤其是急脾气的人，一件看不顺眼的事情发生后，不唠叨出来简直会要了他的命。因为的确是对方做错了啊，的确是太让人生气、失望了。如果不唠叨、不说出来，对方怎么能知道错在哪里、怎么改呢？在不太遥远的过去，我发觉我就是这种人！不顺心时唠叨的力量势不可挡，这还真让我苦恼。一是，唠叨的时候自己本身很痛苦，从来没有一次是喜滋滋地唠叨，都是又气又急、又痛又恨。二是，唠叨的年限越长，受到的阻击就越大，能痛快唠叨的机会就越少。特别是被唠叨的人还学会了间接或直接反击，一不留神没唠叨好，还会直接导致一场恶吵，自己非但没达成目的还搞得家里气氛很差。

| 明确彼此的请求,有助于建设性地解决问题。
| 练习提出请求,可以从小事开始。

她对女儿经常有意见,特别是会在心里嘀咕"生个孩子有什么用"。后来,有一次,她主动请女儿帮忙买扫地机器人,结果女儿很快就帮她搞定了。她回顾这次经历说:

北方空气干燥,屋里的地板上经常会出现很多的毛毛絮絮,拖地很累人。弟媳妇说年前她家买了个扫地机器人,大大减轻了劳动量,我也想买一个。我拿起手机在淘宝上选款式型号。但网上扫地机器人信息繁多,我选了几次也拿不定主意,又累又烦。这时,我想起孩子,于是我跟孩子说:"你在网上订一款机器人吧。"孩子说行,很快帮我选了一款,并按照说明书把程序设定好。买回来的当天,扫地机器人就把家里扫了个干干净净。通过这件事情,我觉得有些反复抱怨的事情,并不一定都是对方一个人的错。我抱怨生孩子没有用,一方面,我平时没注重培养孩子做家务的习惯,另一方面,在需要帮助时,通常也不找孩子做事情。因此,还是要多看到自己的不足,特别是多把注意力放在该如何解决问题上。

习惯性的抱怨往往是因为我们不知道该如何解决问题。这个时候,我们可以考虑自己究竟有怎样的需要,以及对方具体怎么做才能够帮到我们。如果我们只是抱怨,对方即使很想帮助我们,也不一定会知道到底该怎么做。

此外,我们要注意,有些人很难请求别人为自己做事情。如果我们的家人和朋友一向比较含蓄,那我们就更要注意了解他们具体的期待,看看可以怎么照顾到他们。如果是我们不太能够提出请求,那我们就需要多锻炼自己,可以从一些很小的事情开始。

有个朋友讲到了一个他试着提出请求的故事。从这个故事,我们可以看出,对于有些人来说,表达自己的请求究竟有多困难。

每次周六去黄庄的一个电子市场看摊,中午我都到一家小饭馆吃一碗素刀削面。菜单上本来是没有这样一个饭菜种类的,5元一碗刀削面的"标准配置"是有肉的。我第一次进这家饭馆时,问有没有素刀削面,老板娘说有,也是5元。端上来一看,一碗面上放着两片油菜叶,再加一点盐和香油。我很喜欢,只是觉得菜放得太少了。后来我一直在这家小店吃。老板娘一见我来,不等我说,就冲着厨房吆喝,一碗素刀削面。每次碗里都有菜叶,或一片,或两片。我每次照例心里暗暗埋怨一下:就是菜少了点。

我多次想到人们在表达自己请求时的困难。哪怕是一些小小的普通要求,也难以表达。某天中午在吃饭的路上,我忽然想到,既然我不满意吃的面里菜少,为什么不向老板娘说,请她多加一些呢?我担心老板娘会因为这个新增的请求闹心吗?担心被拒绝吗?加多一些菜会增加一些成本,我猜老板娘内心一定不想损失利润。但如果我为多加的蔬菜额外多负担一块钱,这样双方的需要就都会得到满足了。

我进了小店后,老板娘照例吆喝:"一碗素刀削面。"她的山西口音很动听。我赶紧说:"能不能加一块钱的菜?"老板娘没有表现出任何诧异,马上向厨房喊道:"一碗素刀削面,加一块钱的菜。"然后对我笑着说:"要是夏天就不用加钱了,现在是冬天……"我答道:"是啊,现在菜比肉还贵,我知道的。"面上来了,菜很多,我吃得很舒服。临出店门时,老板娘像往常一样笑着说:"慢走,再来。"但我感觉我们之间的联系似乎加深了。

仅仅是想要加点菜,我这位朋友却在心里盘算了很久。在生活中,如果我们能够多一些正面的沟通,既表达自己又关心他人,那大家的关系就会更加融洽。

小结

爱的语言强调关注以下四个要素:事实、情感、愿望和请求。通过了解双方的实际情况,我们就可以更好地照顾自己和他人。

爱的语言的第一个要素是"事实"。我们关心彼此生活的实际经历。同时,特别是在亲密关系中,我们要注意澄清事实。

爱的语言的第二个要素是"情感"。情感是我们了解自己和他人内心世界的窗口。只有关注自己内心对他人的怨和不满,并给予自己适当的照顾,我们才可以真正理顺与他人的关系。

爱的语言的第三个要素是"愿望"。除了了解表面的愿望,我们还要关注彼此的深层次愿望,包括价值观、行为的动机等。价值观的和谐对亲密关系至关重要,我们要注意与家人凝聚价值观的共识。

爱的语言的第四个要素是"请求"。我们关心彼此对对方具体的期待。明确彼此的请求,有助于我们建设性地解决问题。对于一向比较含蓄的人,我们要特别留意他们是否对我们有所期待。

练习四：关注四要素

个人练习

练习 1：澄清事实

请结合最近发生的一件事情，填写下面的表格。

澄清事实
1. 留意自己对他人的看法：
2. 明确自己的观察：我看到或听到了什么？
3. 我的观察准确吗？我对他人的看法客观吗？

练习 2：体会情感和愿望

结合前面的情感词汇表和常见愿望词汇表，体会下面句子中的发言者可能有怎样的情感和愿望。

例句："妈妈，我这次数学考得很不好。"

情感：害怕、伤心。

愿望：安慰、鼓励。

1. "老公,能不能好好吃饭,别老看手机?!"
情感:
愿望:

2. "一想到上班,我就头大。"
情感:
愿望:

3. "我爸爸太固执了,劝他去医院检查,怎么也听不进去。"
情感:
愿望:

4. "你一点都不关心我。"
情感:
愿望:

5. "终于盼到假期了,我们一起去旅游怎么样?"
情感:
愿望:

练习3:明确具体的请求

在冲突中,我们常常倾向于抱怨和批评他人。为了建设性地解决问题,在有需要时,我们要能够提出具体的请求,告诉对方我们希望他们怎么做。请参考例句,并发挥想象,来帮助发言者提出更为具体的请求。

例句:

原文:"老婆,你不要盯孩子盯得那么紧,孩子会累垮的。"
改写:"老婆,老师布置的作业已经不少了,是不是不要再额外布置作业了?"

1. 原文:"老公,能不能好好吃饭,别老看手机?!"
   改写:

2. 原文:"你一点都不关心我。"
   改写:

3. 原文:"市场部又投诉你了。你的脾气太差了,这会影响部门之间的合作。"
   改写:

4. 原文:"你上课能不能不吊儿郎当的?"
   改写:

5. 原文:"你太懒了,都这么大了,每次回家,一点家务都不做。"
   改写:

个人练习示范

练习1:澄清事实

请参考本章"了解和澄清事实"这一部分的内容。

爱,需要细心聆听。

练习 2：体会情感和愿望

1. "老公,能不能好好吃饭,别老看手机?!"
情感:郁闷、生气。
愿望:陪伴、交流。

2. "一想到上班,我就头大。"
情感:沮丧、紧张。
愿望:放松、和谐。

3. "我爸爸太固执了,劝他去医院检查,怎么也听不进去。"
情感:担心、着急。
愿望:理解、配合。

4. "你一点都不关心我。"
情感:失落、伤心。
愿望:理解、体贴。

5. "终于盼到假期了,我们一起去旅游怎么样?"
情感:开心、期待。
愿望:陪伴、放松。

练习 3：明确具体的请求

1. 原文:"老公,能不能好好吃饭,别老看手机?!"
   改写:"老公,等下再看手机怎么样? 我想和你边吃边聊。"

2. 原文:"你一点都不关心我。"
   改写:"在这个事情上,我希望你也能听听我的想法。"

3. 原文:"市场部又投诉你了。你的脾气太差了,这会影响部门之间的合作。"
   改写:"市场部又投诉你了。下次,他们提意见的时候,你先沉住气。等我们商量之后,你再回复他们。"

4. 原文:"你上课能不能不吊儿郎当的?"
   改写:"上课的时候,请在位子上坐好,不要把腿伸到过道上。"

5. 原文:"你太懒了,都这么大了,每次回家,一点家务都不做。"
   改写:"这次回来,你可以每天早上扫扫地吗?"

团体练习

一、练习目的

1. 在交流时,关注对方的情感和愿望。
2. 练习体会自己的情感和愿望。
3. 熟悉第 72 页常见愿望词汇表中的词语。

二、练习材料

1. 情感词汇卡 10 张。以下词语供参考:
   开心、温暖、感动、鼓舞、幸福、孤单、无奈、郁闷、着急、生气。

2. 愿望词汇卡 36 张。

词语请参考第 72 页常见愿望词汇表。

3. 空白卡片若干张。

备注：卡片的尺寸可为名片的尺寸。

三、练习人数

可分 5~6 人一组练习。

四、练习步骤

1. 倾诉者讲一件具有一定感情色彩的事情。小组成员留意他的心情，以及他在意或渴望什么。

2. 倾诉者分享完了以后，大家猜猜他有怎样的心情。

例句：想到这个事情，你是不是感到_____？

反馈者在反馈时递上相应的情感词汇卡。如果没有现成的卡片，可填写空白卡片。倾诉者只是礼貌地点头收下，不做肯定或否定的表示。

3. 然后，大家试着猜猜他当时在意的是什么。

例句：你想要/看重/在意_____，是吗？

同样的，反馈者在反馈时递上相应的愿望词汇卡。如果没有现成的卡片，可填写空白卡片。倾诉者只是礼貌地点头收下，不做肯定或否定的表示。

4. 倾诉者给大家反馈：

例句：我想要_____。

倾诉者选择自己特别看重的三个愿望并作说明。

5. 大家交流练习体会。

五、练习要点

1. 保持中立。在聆听时,我们容易认同倾诉者对问题的认识和情感。我们要注意保持中立、客观的态度,试着不做评判,也不帮他解决问题,而只是专注于了解倾诉者的情感和愿望,并作反馈。

2. 结合愿望词汇卡,关注和反馈深层次愿望。例如,一位女士希望她爱人不要经常出去和朋友聚餐。她深层的愿望可能是呵护先生的健康。这时,反馈者就可以挑选写有"健康"这个词语的卡片,并对倾诉者说:"你想要照顾到他的健康,是吗?"

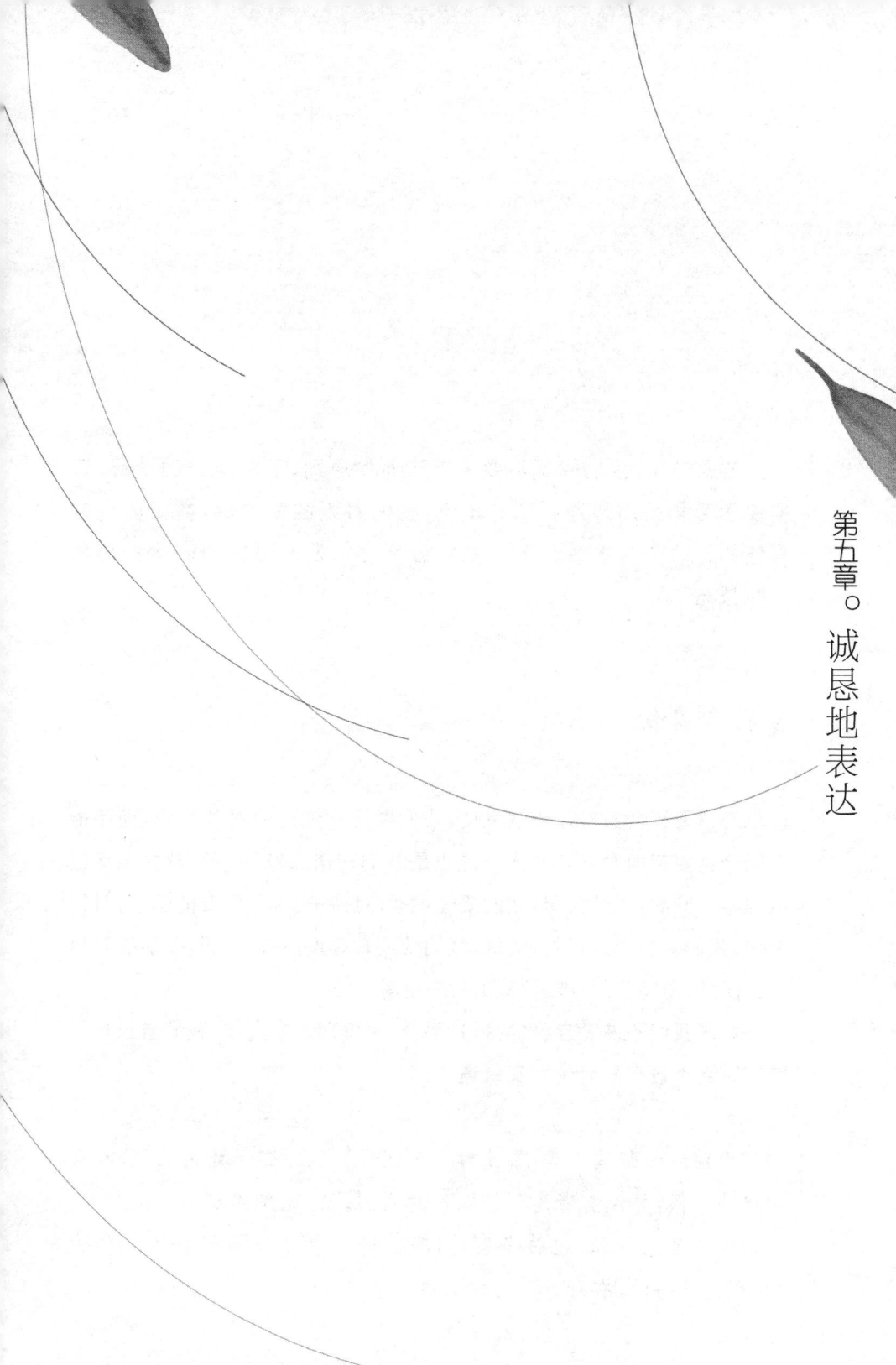

第五章。诚恳地表达

与人沟通,我们除了需要考虑沟通的原则、了解双方的情况,还需要学习和运用沟通技巧。毕竟,我们对人的爱和敬,需要体现在具体的行动中。本章和下一章将分别介绍爱的语言的表达技巧和倾听技巧。

要符合身份

沟通要符合身份。也就是说,我们要注意说话的对象是谁,而不能以同一种姿态面对所有的人。这也是我们在第二章和第三章主要探讨的内容。例如:对待父母,我们要注意孝;对待子女,我们要能够慈;对待配偶,我们要有情义;对待上级,我们要注意尊重;对待平级,要能够既自主又团结;对待下级,要爱护和提携;等等。

如果我们不注意自己的身份,那么,不仅别人会失望,我们自己也常常会感到不自在。有个朋友讲道:

之前由于强调平等,不论对方是父母、老公、孩子还是领导,我在沟通的时候,并没有考虑他们身份的区别。这让我的状态忽上忽下,感觉很混乱。例如,在孩子面前,我有时失去了作为妈妈的一份力量;在领导面前,有时自己好像又自大了很多。

> 要注意说话的对象是谁，而不能以同一种姿态面对所有的人。

作为父母，为了给孩子安全感和方向感，我们有时需要展现自己的力量，而作为下级，为了正常地开展工作，我们需要认真聆听上级并配合他们的工作。如果做父母，我们不能够有做父母的力量感，做下级，又不愿尊重、服从上级，那么，我们就会感觉很别扭。

反过来，如果我们能够注意自己的身份，就可以帮助我们理顺关系。有个朋友这样谈到她与父母关系的转变：

没有学非暴力沟通之前，对父母的行为多是埋怨、指责，有时会是在心里埋怨。学了非暴力沟通以后，意识到父母那样做是有他们的需求，对他们也就多了理解。在表达时，可以体贴他们，语气也能够比较平和。但心里对他们好像没有敬重，说话的口气听起来有些像在教育他们。现在想起来真是感到很惭愧。后来，学习了传统文化后，我得到了很大的启发。我看到了自己的欠缺，对父母说话时多了一份恭敬。我把父母还回父母的位置。我心里能够理解他们，语言上也能够尊重他们，气也感到畅通了。

学习非暴力沟通后，这位朋友能够更好地理解和体贴父母，这帮助她在一定程度上改善了与父母的关系。而传统文化的学习又帮助她有了一个新的领悟：她需要把父母还回父母的位置。然后，在与父母的沟通中，注意彼此的身份让她感到气顺。实际上，也只有这样，她的父母才能气顺，彼此的关系才能够真正理顺。

沟通要符合身份，除了要注意沟通的姿态，还要注意表达方式。例如，在表达感激时，对不同的人，表达的方式也有所不同。有一次，一个朋友在工作坊中表达了对自己主管的感激，然后，她感到有些困惑。她回忆说："分组练习时，我讲了主管最触动我的两件事。讲完后，我有一个困扰，我可以在课堂这样安全的环境下表达我的感激，但是我并不能直接地表达对主管的感谢。几位伙伴给了我一些建议，但是我都觉得不妥。"我当时给她的建议是，好好工作就行，不用多说什么。因为对自己的主管，说多了，有奉承、讨好的嫌疑。如果她充满感激并尽心工作，主管应该也会感觉得到。

如果我们要感激的对象不是我们的主管，或者不是我们有所求的人，我们就可以考虑较为直接地表达我们的感激。以前，我有个同事在退房时误拿了宾馆的鼠标垫，在寄回时给宾馆负责餐厅和会议室的王经理写了张明信片。她这样写道：

我们前两天在宾馆举办的工作坊圆满结束了。我们很喜欢宾馆的环境，窗外绿树环绕，周围很安静，会场里光线明亮，地毯和桌布都很雅致，让我们感觉很温馨。还要十分感谢您和其他工作人员。每次下楼，前台的接待员都会站起来向我们微笑致意。还有您那两天穿着高跟鞋还上楼下楼地跑了很多次，有时还是拎着水壶，跟我说了几次有什么需要帮忙的就找您。在你们这里举办活动，我感到很放松、很踏实。谢谢您！

她写得很具体。这就可以帮助王经理看到，我们有多欣赏和感激他们的工作。由于她并不需要求宾馆办事，所以，这样的表达也就更能让被感激的人感到一份真诚。

在沟通时，注意自己的身份，就是提醒自己具体情况要具体分析。

| 给自己时间，体会情绪是怎么来的。
| 满足合理的愿望和请求，放弃不合理的。

这样，我们就可以采取相应的沟通姿态和方式去与人交流。

给自己时间

在有情绪的时候，我们要给自己时间，体会一下情绪是怎么来的。然后，再看看如何合理地解决问题。比如说，我们生气了，我们要看看自己为何生气，我们有怎样的愿望和请求。如果我们的愿望和请求是合理的，就想办法去满足它们；如果不那么合理，就要考虑放弃它们。这是建设性地处理情绪的方法。否则，无论是委曲求全，还是率性而为，都有可能给我们带来伤害。

有个朋友曾不时地和她先生就物品的整理问题发生冲突。虽然家庭生活难免会有些小矛盾，但积累多了，也会影响彼此的感情和生活的质量。后来，她反省自己生气的原因，认识到最大的原因其实是自己说不得。然后，她就调整了自己的心态，决定不再较劲。下面是她就这段经历写的反思：

一大早，爱人就在清理洗漱台下的储物柜，把里面的东西通通掏出来摆了一地。我站在他背后沉思：这会是我们吵架的前奏吗？

在他动手规整物品时，我们一般就会发生摩擦。他会一边收拾一边指示我："以后你要这样这样放，不要那样那样放，太乱了。"我的火就一窜一窜冒出来：真的好没天理，偶尔收拾一下有什么资格生气！

爱人收拾完后，满脸不悦地对我说："柜子里我收拾好了，你把洗手池台面上那些瓶瓶罐罐收拾好！你洗个脸能用那么多东西？"我这心啊，一下子堵住了。可是我这次不想争吵，我想弄清楚，问题到底出在哪里？为什么两个人为了这个家做些事情就总会引发争吵呢？我点了一下头，然后走开坐在沙发上，这次得好好想想。

我发现自己生气的根本原因是，我不希望他指出我做得不好的地方！我做得不好的地方被指出来，就是和我作对，就是不体贴我、不包容我。我原来是这么害怕别人说自己不好啊！想到这里，气消了些。收纳东西确实是自己的弱点，如果自己可以在这个方面多下点功夫，把东西收拾整齐利落对自己也是件好事。另外，自己也要学着虚心接受别人的意见和批评，有不足总想藏着捂着，就会很介意别人的批评，动不动就觉得对方是和自己过不去。想到这里气顺了，我开始去收拾洗手池上的化妆品，把两个空瓶子扔进垃圾桶，其他的瓶瓶罐罐也重新摆放了一下。

通过反思这件经常发生的小事情，面对自己的不足，我的心态有了微妙的变化。我从"有错不能说"变得乐于"虚心接受批评"。这让我一下轻松了很多，行动也多了一份自在和主动。

在发生矛盾时，如果我们总是忍，难免有一天会"爆炸"。不"爆炸"，心里也会有越来越深的隔阂。比较理想的是，我们能够给自己一些时间，客观地认识自己的情绪，然后采取合理的方式来解决问题。

运用四要素

在对人有抱怨的时候，我们可以运用爱的语言四要素来整理自己的思路。下面结合一个朋友的经历,使用表格来说明具体可以怎么做。

有位朋友在一所学校工作,原来是在教务处负责教材的工作。2017年的时候,她部门新来的领导想要把她的工作和考务工作合并,并由她同时负责这两块工作。刚听到这个要求的时候,她有些不满,对领导也有不少意见。她在心里不时地抱怨:"没有人情味,一心只求效率,固执己见,还听不进别人的意见……"她想去找领导谈这件事情,但看到自己心里还压着一股劲,担心非但解决不了问题,还会把关系弄得有点僵。

这个时候,她在朋友的帮助下,理了理思路。她谈到她的发现:

在好友的陪伴下,自己慢慢地平静下来,既明确了自己的目标,也有空间可以去理解对方了。领导并非是有意要对我们怎么样。她也有来自上面校级领导的压力,希望能在原有工作的基础上有些突破和优化。她也挺不容易的,刚来新部门,有很多情况和业务不是很了解。她肯定非常渴望我们这些老员工的支持和配合吧。同时,反省自己内心确实也有不愿担当的一面,喜欢安逸闲适,不想从舒适区走出来。此外,我还觉察到自己面对变化会有焦虑不安的情绪,有些本来就是自己内在的不足,并不完全是因为这样的安排引起的。

她意识到的主要问题有两点:一,担心自己做不好;二,自己安逸惯了,一下子接受不了。对于第二点,她愿意主动调整自己的心态。对于第一点,她决定还是向领导反映一下,不管结果如何,都可以促进相互的理解。于是,她发信息给领导,表达了自己的顾虑和请求,而领导也做出了让她感到满意的回复。

理解自己的怨
1. 事实:发生了什么事?你对对方有怎样的抱怨?
例　要并岗,工作量增大。我的抱怨:"没有人情味,一心只求效率,固执己见,还听不进别人的意见……"
2. 情感:想到这些抱怨时,你体会到自己有怎样的心情?
例　生气、焦虑不安。
3. 愿望:你有怎样的愿望?对你最重要的是什么?
例　想要工作轻松些,想要能够胜任工作,想要处理好与领导的关系。最重要的是能够胜任工作。
4. 请求:对方怎么做,你会比较满意?你有什么具体的请求吗?
例　给我一个过渡的时间,不要一下子都安排给我。

　　在我们感觉有点乱的时候,运用四要素,可以帮助我们客观地认识周围发生的事情,以及自己真实的心理状态。在使用这个方法时,我们尤其要做好第一步,要允许自己充分体会自己的抱怨。我们常常被教育要友爱地对待他人,但我们首先需要体会到自己的真情实感。然后,在这个基础上,我们可以去留意自己内心不同方面的愿望,并明确什么是自己最看重的。最后,就可以采取相应的方式去照顾自己。

| 允许自己充分体会自己的抱怨。
| 当对方处于情绪之中时,可以考虑先聆听对方,再表达自己。

选择表达的时机

在冲突中,我们要注意选择表达的时机。当对方处于情绪之中时,一般难以聆听和理解我们。为了让对方能够把我们的意思听进去,我们可以考虑先聆听对方,了解他的经历、情感、愿望和请求等。

下面的故事是一位老师谈到她教育学生的一次经历。在这则故事中,老师在感觉到学生的抵触情绪后,提醒自己放慢下来,试着去理解学生。在学生变得平和一些之后,她再表达自己的观点,帮助学生认识了自己的错误。然后,她在课后又通过进一步的交流,了解了学生具体遇到的困难,并给予他所需要的支持。

这是前不久发生在课堂上的一件事情。我这门学科强调逻辑推理,要求学生在纠错时写出完整的推理过程。那天有个学生的纠错,全部只有 a 对 b 错的结果,没有任何过程,我跟他说,你这样的纠错是无效的,你浪费自己的时间也浪费我的时间,这份作业在我这里不能通过。当时学生很不耐烦地说了一句:"我至少是自己做的,还有很多同学的这个纠错作业是抄的呢。"

从这句话里,我看到了一种很强烈的情绪。我马上先停了一下,沉默了大概十秒钟以后,问他:"你是不是希望大家都得到公平的对待?"这句话说了以后,马上就看到他脸色柔和下来了。

他也没有说话,只是在那里站着。我进一步问他:"你是不是希望那些抄作业的同学在我这里也不能 PASS(通过)?是不是这样?"

他沉默了一会儿,然后点点头。我说:"难道他们抄不抄作业决定了你会不会好好订正?别人是抄作业的,别人的行为决定了你的行为,是不是这样?"孩子站在那里,很长时间没有说话,然后他就自己坐下了。因为课堂还要继续下去,我就没有再提这个问题。

课后我找到他,我们找了一个谈话室。我说:"关于课上的问题,我们先抛开不谈,有一点我还是肯定你的,至少你的作业是自己做的。尽管这个作业完全不符合我的要求,但是你真正的目的是什么,我很想知道。表面上看来,你希望那些抄作业的同学在我这里同样不能通过,心里就爽了。但我们再问深一点,你的原因是什么?"他沉默了很长时间,然后承认在那份作业里面,有很多地方他还是不会订正。那我说有两种方案,要么我讲给你听,要么我请班里课代表或掌握得非常好的同学把这些错题讲给你听。他犹豫了很久,最终他说想想再告诉我。

第二天下课的时候他找到我,跟我说了一番话。其实他当时更多的是害怕,他希望他的那份作业能通过。他害怕,然后用别人的错误来掩盖自己的错误。最后他说,他也知道了,别人做什么,并不能决定他做什么,这是他对这件事情最深的认识。后来,他找我来讲题目,最终把那些题目都弄懂了。

在冲突中,我们常常会急于表达自己的观点,希望自己得到理解和认同。然而,在双方不平静的情况下,彼此的交流常常会很不顺畅。这个时候,为了顺畅地交流,我们不妨考虑给对方表达自己的机会,如果他有机会充分表达并得到理解,就会较容易静下来聆听我们。

使用中肯的语言：在表达自己时，
描述自己的状况，但尽量不评论对方。

使用中肯的语言

让对方把我们的话顺利听进去，还有一个方法：使用中肯的语言。也就是，我们在表达自己时，描述自己的状况，但尽量不评论对方。如果我们评论对方，不管是肯定还是否定，对方往往就会把注意力放在澄清自己或反驳我们上。这将影响他静下来体会我们所要传达的信息。

以下是一位老师的例子。

在 2014 年，她通过网络报名应聘一个学校岗位，该岗位要求有至少三年工作经验。她的申请没有通过，说她工作未满三年，但她实际上工作已满九年。开始的时候，她感到很困惑，因为她提交的资料已经说明了这一点。后来，她意识到负责审核的老师可能没有细看所有的资料，可能是她的公积金文件引发了误会。然后，她编辑了一条短信给负责审核的老师：

"老师，冒昧打扰您。我应聘贵校语文老师，名叫×××。昨晚看到审核结果说我工作未满三年，我很忧虑。我想可能是公积金文件引发的误会，所以想和您解释一下。公积金文件上的开始时间是 2012 年 9 月，余额×××，这是换了新本的缘故。所以，想请您复核一下。另外，我往您的招聘邮箱里发了我 2007 年至 2011 年的个人所得税证明。希望得到您的回复，不胜感激！"

这位老师当时急需得到负责招聘的老师的配合和支持。所以，她希望对方能够迅速地处理这件事情。她在表达时注意描述事实，同时表达了对对方的理解和尊重。这有助于使对方心平气和地去阅读信息，并乐于尽快处理。事实也是如此。信息发送后不久，她就得到回应："已审核并通过，请查看结果。"

使用中肯的语言，有助于别人理解和有针对性地回应我们。在实际运用时，我们可以考虑先聆听他人，再中肯地表达自己。等对方平静了，再表达自己，效果会更好。有一次，我通过一个网站预订了一个餐馆的位置。按规定，可以打九折。到结账的时候，收银员看了看电脑，又看了看桌面，对我说："不能给你打折！"她的身体往前倾，看上去有点紧绷。我对她说："你需要对工作负责是吗？"听我这么说，她放松了下来。我说我手机上有短信，可以拿给她看。她说不用了，可以给我打折。这时，我还是坚持去把手机拿来给她看。最后，她不仅给我打折，还给我办了一张贵宾卡，以后可以打八八折。等下一次去的时候，一见到我，她就热情地招呼："听电话，就知道您要来了。"直到现在，我去那里都还有一种宾至如归的感觉。

使用中肯的语言，对我们与他人凝聚共识至关重要。在发生冲突时，我们容易互相指责，而不能实事求是地了解彼此的情况。如果有需要，我们不妨考虑先聆听他人，然后用中肯的语言表达自己。特别是，在我们处于强势或有利的位置时，如果我们可以这么做，对方就更能体会到关心和尊重。这不仅有利于问题的解决，还有利于增进双方的感情。

勇于承认错误

承认错误，意味着承担责任。勇于承认错误，也就是勇于承担责任。

表达关心和理解,让生活更温馨。

中肯的语言对凝聚共识至关重要。

这不仅有助于改正错误,而且有助于促进彼此的关系。

有个朋友是一家公司的管理人员。下面是她处理与下级冲突的一次经历:

前段时间,我们×国经销商 A 抱怨说,在当地市场,有其他公司给我们的客户打电话,报价略便宜些。这搞得他要给客户解释很长时间。他想让我们终止向另一家经销商供货。A 是多年的老客户,和我们合作快 15 年了,而另一家是部门的业务员刚发展的经销商 B。由于我很信任 A 并重视维护和 A 的关系,我马上就在国际业务部群里给负责×国市场的业务员发信息,要求她停止给 B 客户报价及后续的合作。

该业务员说马上给 B 发邮件问问什么情况。随后 B 回复了好几封邮件,情绪很强烈。B 说自己可以提供客户名单,看看哪个客户是冲突的,还以自己女儿的名义发誓来表明自己没有违规等等。业务员也说,自己为了开发这个客户花了很多时间和精力。说停就停,她的情绪也很大,只是碍于我是领导,强压着自己。

我意识到,可能过于重视维护与老伙伴的关系,以致自己不够冷静。在做出处理决定前,我应该先让业务员去了解情况,给 B 澄清的机会。想到这一点后,我先给业务员在微信上道歉。我和她说,自己前面微信的语言不太冷静,B 有情绪是正常的,我应该跳出来看待各方冲突,而不是加剧冲突。业务员收到微信后,马上回信说没事,理解我,并且主动提出了解决方案。

后来,我想起了阮老师提到的处理不同关系的原则:作为上级容易以上凌下,要注意对下级以礼相待;作为下级容易担心得罪上级,所以对待上级要能够敢于从工作的需要出发来表达自己。在处理这件事情时，我一开始有些武断，好在后来主动承认不足，这样将会有助于员工以后有勇气表达不同意见。

作为上级，由于有维护自身权威的需要，一般不太容易表达自己对下级的歉意。这位朋友主动表达了歉意，我相信，这样非但不会有损她的权威，而且还会让她取得下级的信任，便于以后开展工作。反过来，如果她坚持自己的错误，就会让人不服，损害自己的权威。

如果我们在犯错后能够勇于承担，别人通常也会原谅我们。有一次，我在超市买腰果。腰果是已经用塑料袋封装好的。我问，是不是可以先尝一个。征得老板同意后，我尝了一个，但送回去时，没有封装好。结果，老板拿着放在秤上时，撒了一些。老板就有些不太高兴了。这时，我就说撒的这些算我的，老板的表情也就放松了。他另外拿了一包称给我，并说撒的那些就算了。这只是一个很小的例子。当我们替别人考虑并愿意主动承担时，别人一般也会友善地对待我们，这也是人之常情。

俗话说："人非圣贤，孰能无过。"如果我们不能坦然面对自己的错误，那么，我们与他人的关系难免会不时出现一些别扭，而且还难以解决。

如何拒绝他人

有两种常见的情形，我们想要拒绝他人：一是，我们不想接受别人的礼物或帮助；二是，我们不想答应别人的要求。然而，对于有些人来说，由于他们特别在意别人的感受，以致不知道如何拒绝他人。这样，他们

> 当我们替别人考虑并愿意主动承担时，别人一般也会友善地对待我们。

就容易过于委屈自己。而一旦他们狠下心来说不，又往往十分生硬，以致影响了与他人的关系。

有个朋友曾经因不知道如何拒绝别人，以致影响了和家人、朋友的关系。后来，她发现，以适当的方式真诚地表达自己，可以帮助她兼顾双方的需要。下面是她讲述的与朋友交往的一个故事：

在过去的这几年里，我发现自己与一位好朋友疏远了。一开始并没有找到原因。慢慢地，我回想起和她之间的一件事。我发现，疏远的原因是我们之间少了情感的交流。记得有一次，这位好朋友拿了一个蓝牙音响来送给我，让我在看书的时候可以一边听音乐一边看书。她还告诉我这款蓝牙音响是她最喜欢的，每天都在使用，所以要送一个给我。我看着这个蓝牙音响，迟疑了一会儿，内心是拒绝的。因为我不喜欢在看书的时候播放音乐，只喜欢静静地看书。但我还是接受了这份礼物。我心想，如果我回绝了她，她一定会很难过。回到家后，我便把它搁在入门的鞋柜上，一搁就是好几个月，我几乎忘记了它的存在……直到有一天，朋友来我家，临走时，她问我："你是不是不喜欢我送你的蓝牙音响？"我说："没有啊，喜欢的啊！"她说："我来了好几次，都看见它孤零零地在鞋柜上搁置着，位置都没有变换过，我心里很难受。我想你也没有使用过吧。没有使用，说明你不喜欢，以后不送你东西了。"

从那以后，我们之间疏远了很多。现在想想，是因为我没有真诚地表达自己，也没有去感受这份情意。虽然当时我收下蓝牙音响，考虑的是不拒绝她的心意，不让她难过，但最后搁置不用才是对她最大的伤害。如果我可以坦诚地告诉朋友："谢谢你的好意！蓝牙音响我也喜欢,可是我在看书的时候喜欢静静地与文字对话。蓝牙音响你留着自己用,或者我把它摆放在我的书架上,让它陪伴我一起看书,好吗?"我想,这样的表达会更好。

她还谈到学会拒绝对她和母亲关系的帮助:

昨天晚上和妈妈微信聊天,说好今天去看她。下班来到妈妈这里,和妈妈聊天,谈到工作,我表达了自己最近挺累。妈妈对我说:"妈妈看你每天累到没时间照顾孩子,你又不让我去帮忙,我很担心你们的健康。尤其是我外孙女,吃不饱、长不高怎么办?要不,我去给你们做饭吧。"我看着妈妈的样子,知道她心里有一半是已经决定了要来我家。可是,我并不希望这样。这样一来,妈妈会没有了自己的生活;二是,作为女儿的我会担心妈妈在我家不习惯;还有,那样的话,我得按时下班回家,不忍心总让老人家在家等候。

我心想,妈妈是担心我的健康和生活状况。那么,我做好自己,就足以安慰妈妈,照顾到她担心的情绪。于是,我这样对妈妈说:"妈妈,您看到我每天都很忙,您很担心我没有时间照顾好自己和孩子是吧?尤其担心我下班晚了没时间做饭,吃饭时间不固定,影响身体健康吧。我是这样安排的,头一天晚上准备好菜,第二天清洗好、做好就可以吃了。而且,我们会安排好每一天的饭菜哦,营养是足够的。还有,您外孙女现在也可以帮我做事啊,要留机会给孩子锻炼。我每周五带着孩子到您这里蹭饭,您要是有时间,就做一顿丰盛的给我们吃。"妈妈同意了。从她的表情,我能感受到她心里是舒坦的,那份担心应该已经减少了很多。以往我不知道怎么回绝妈妈,尤其是在妈

> 拒绝朋友和家人的好意时，注意让朋友体会到情意，让家人感到放心。

妈表达她爱我们时更难回绝。但我现在可以真诚地表达自己，妈妈也是可以接受的。

如果想要拒绝朋友的好意，最好要让朋友意识到我们对他的感情，以免产生误会。这位朋友后来想到的表达体现了这一点。而对于我们的家人，特别是我们的父母，我们还要让他们意识到我们有办法照顾好自己。这位朋友表达了对妈妈的理解，并解释了自己的安排，这样她妈妈心里也会比较踏实。最后她虽然拒绝了妈妈，但彼此的联系却加深了。

上面两个故事讲的，都是别人想要为我们做点事情，我们不准备接受。另外还有一种需要考虑拒绝的情形：就是别人请我们帮忙，我们不太方便。如果是朋友请我们帮忙，比如说朋友向我们借钱，要是感到为难，我们通常会告诉他我们的难处。这样的拒绝并不难，因为别人一般并不会勉强我们。但有一种情况，许多人会感到很为难：他们不知道如何拒绝工作中不合理的要求。当然，有些我们认为不合理的要求，未必是不合理的。所以，如果我们对工作中的要求有所抱怨，我们首先需要反省自己的态度。如果确实不合理，那我们就可以考虑拒绝，并在拒绝时给出有说服力的理由。

有个老师曾遇到一个为难的事情。她是一所中学的一个教研组组长。她的学校和另外一个小学有合作，由她的学校派老师去给小学的毕业班讲课。这次，她请两位老师去小学讲课，但小学负责这项工作的老师觉得这两位老师太年轻，想请她派更有经验的老师去。这时，她感到很为难，因为组里面老教师不多，不好安排，但校长又很重视和这个小学的合作。她向我请教这件事情怎么处理。我和她说，要求你们派更有经验的老师，是对方老师对自己的工作负责。她需要尽量保证课程的教学质量。所以，首先，我们不要因为别人对我们有所要求，就对人家有情绪。相反，我们要尊重对方，这反映了她是一位敬业的老师。其次，你可以直接告诉她，你需要优先保障本校的教学工作。你不用担心人家对你有意见。因为你这么做是对自己的工作负责，作为一位敬业的老师，我相信她也会理解你的。就算不理解，你的领导也会理解你的。没有什么需要顾虑的。她听了我的建议，就先向对方表达了自己对她的工作的理解和尊重，然后解释了自己的情况。最后，那位老师也就接受了她的安排。

我们前面讲到，处理工作关系要以大局为重。我们在拒绝其他人的要求时，也要从工作的大局出发。与此同时，我们还要意识到，别人出于工作的需要向我们提要求，是别人对自己的工作负责。这样，我们就可以以较平和的心态面对别人的要求。如果确实无法答应，我们可以考虑做出适当的说明，并表达对别人的理解和尊重。

总之，在拒绝他人时，我们仍然可以把对方的需要纳入考虑。这样，即使对方表达的需要没有得到满足，他仍然还有机会体会到我们的善意。如果对方因我们的拒绝对我们有意见，只要我们坚持自己做人的原则，那也就可以无愧于心。

小结

除了沟通心态，爱的语言还强调沟通技巧的运用。

诚恳地表达自己，我们首先需要注意自己的身份。然后，采取相应的姿态和方式去与人沟通。这不仅有助于我们表达自己，还有助于我们

拒绝同事或工作伙伴时，要注意理解和尊重他们。

照顾到其他人的需要。

在有情绪的时候，我们要给自己时间去理解自己的情绪。如果我们的情绪反映了我们合理的愿望，就看看如何建设性地满足它。反之，就可以提醒自己，放开自己的情绪及相关的愿望。

在冲突中，人们常常各说各话。为了让他人准确地理解我们的意思，我们要注意选择表达的时机。有时，我们可以考虑先聆听对方。同时，使用中肯的语言，将有助于对方把注意力放在我们要表达的意思上，而不是急着为自己辩解或反驳我们。

在发现自己的错误时，我们要勇于承担责任。如果我们有担当，就容易取得或恢复别人的信任。特别是作为管理者，敢于承担责任，适当地表达自己的歉意，有助于维护我们的权威并促进工作的开展。

有时，我们需要谢绝别人的好意，或拒绝别人的要求。这个时候，对朋友，我们要注意让对方感觉到我们的情意；对家人，要注意让他们感到放心；对同事或工作伙伴，要注意理解和尊重他们。

练习五：诚恳地表达

个人练习

练习 1：理解自己的怨

处在情绪中，我们难以冷静思考。这个时候，我们别急着做什么，以免事后感到后悔。给点空间，去看看自己到底经历了什么，有什么样的情感、愿望和请求。然后，再看怎么做能够真正符合自己的需要。请结合近期发生的一件事情,借助下面的表格来梳理自己。

理解自己的怨
1. 事实:发生了什么事?你对对方有怎样的抱怨?
2. 情感:想到这些抱怨时,你体会到自己有怎样的心情?
3. 愿望:你有怎样的愿望?对你最重要的是什么?
4. 请求:对方怎么做,你会比较满意?你有什么具体的请求吗?

练习2:使用中肯的语言

有次,有个新餐馆开业,八五折酬宾。小李很高兴地和两位朋友一起去那里吃饭。他们很喜欢餐馆淡雅的环境,点了四五个菜,吃得很高兴。后来加了一个菜,但发现那个菜太油了,就觉得有点扫兴。小李叫来了餐厅经理。他觉得厨师比较辛苦,而且人的口味不同,不能说厨师有什么问题,但希望厨师能够听到他们的反馈,注意菜太油的问题。

请写下一段话,帮助小李诚恳地表达自己。练习的要点是:表达自己的想法,但尽量不评论对方。

练习3:拒绝他人,又不失尊重

一所中学和一所小学达成了合作协议,由中学派老师为小学六年级的学生提供语文、数学、英语等科目的辅导。小学的教导主任陈老师觉得中学派来的英语老师资历比较浅,对中学的英语教研组长李老师说:"能不能派一位经验丰富的老师来?"李老师感到很为难。一方面,她知道学校很重视这个合作;另一方面,组里年轻老师多,老教师的工作负担已经很重了,不好再请他们外出兼课。如果你是李老师,你会怎么回复陈老师?请写下一段话。在这段话中,先表达对陈老师的理解,然后再说明自己的情况。

个人练习示范

练习1:理解自己的怨

请参考本章"运用四要素"这一部分的内容。

练习2:使用中肯的语言

小李对餐厅经理说:"我很喜欢你这里的环境,感觉很雅致,前面点的几个菜也很合我们口味。后面上的那道菜,可能是我们的口味比较清淡,我们感觉太油了。你能不能和厨师说一下?"

练习3:拒绝他人,又不失尊重

李老师回复陈老师说:"是啊,老教师会讲得更好一点。只是我们现在年轻的老师较多,组里的老教师已经承担了很重的教学任务。我们需要优先保障本年级的教学任务,不太方便安排老教师校外的教学任务。以后有条件的情况下,我再尽量安排老教师,您看如何?"

团体练习

如果有条件团体练习的话,可结合个人练习的第 2 题和第 3 题展开团体练习。

练习 1(结合个人练习第 2 题):

分 3~4 人一组,然后,其中的一个组员分享自己作为小李写下的话,并听取其他组员的反馈。其他组员反馈的重点是,自己有没有从"小李"的话中听到批评。如果有的话,"小李"可以考虑做些调整,然后再请求反馈。按这个流程,所有人依次完成练习。最后,每个人再谈谈练习体会。

练习 2(结合个人练习第 3 题):

分 3~4 人一组,然后,其中的一个组员分享自己作为李老师写下的话,并听取其他组员的反馈。其他组员反馈的重点是,自己有没有从"李老师"的话中体会到理解和尊重。如果没有的话,"李老师"可以考虑做些调整,然后再请求反馈。按这个流程,所有人依次完成练习。最后,每个人再谈谈练习体会。

第六章。关切地倾听

倾听是一项重要的生活技能。倾听不仅可以帮助我们了解他人的真实状态，提高沟通的效率，还可以帮助倾诉者更好地体会自己。

理想的倾听状态

如何倾听，《庄子·人间世》中讲到"心斋"的方法："若一志，无听之以耳而听之以心，无听之以心而听之以气！听止于耳，心止于符。气也者，虚而待物者也。唯道集虚。虚者，心斋也。"这里讲到听的三个层面：用耳去听、用心去听、用气去听。用耳去听，得到的是感性认识；用心去听，得到的是理性认识；庄子认为，只有搁置任何已有的成见，放空自己，也就是用气去听，才能认识事物的本来面目。理想的倾听状态，也就是庄子所说的"虚而待物"：有一颗安静的心，能够一心一意地去了解对方的状态。

我们不能静下来听别人的一个主要原因是，我们觉得自己已经懂别人了。大多数的人通过工作坊的练习会发现，理解一个人并不容易。比如说，前面提到的自我介绍练习，许多朋友发现准确地反馈其他人的意思并不容易；还有，前面提到的卡片练习，许多朋友也发现，自己猜的和别人实际想的并不一样，以及自己对自己的理解也有限。有个朋友分享了自己做卡片练习的体会：

| 理解一个人并不容易。
| 只要成见一松动,双方的关系就有了转机。

这个练习是讲述自己的一个故事,可以是开心的也可以是不开心的。我讲述的是自己职场的困惑。当时我讲的是自己在工作上总觉得不受重用,自己很混乱地讲完之后,其他四个小伙伴积极在卡片中为我寻找适合我此刻心情的愿望。我最终选择了写有"重视""绽放"和"自我价值"这三个词语的卡片。当我反复念这三个词时,我身体微微紧张。接着,我意识到我并不需要依赖现在的工作环境来满足这些愿望。因为现在的工作环境除了自己用心工作之外,我做不了任何改变。与其陷入感性的烦恼中,不如让这三个愿望在自己喜欢的领域里去实现。比如培训,比如写作,比如今天在这里和大家做分享。当我意识到这点时,助教很适时地让我再选择一下此刻的情感,我看到了"鼓舞",并果断拿下。这就是卡片的魅力所在。

当我们发现自己很难准确把握别人的意思,甚至对自己的理解也很有限时,我们心中对他人的成见就会开始松动。这就会帮助我们静下心来,重新去观察和聆听他人。实际上,只要成见一松动,双方的关系就有了转机。

我们不能静下来听别人的另一个主要原因是,我们急于改变他人。当别人的行为影响到我们的生活时,我们常常想要改变他人。我们的心情越迫切,就越难静下心来体会他们。这样,也就容易出现沟通的困难。为了解决这个问题,有些人又走向了另一个极端:要求自己放弃对别人的期待。一般来说,这是不现实的。例如,做父母的,终究还是对孩子有期待的;做老板的,对员工也是如此。所以,比较务实的做法是,承认我们的期待,同时又暂时放下期待。承认我们的期待,就是承认自己的真实感受；暂时放下期待，这让我们静下心来交流。在了解对方的情况后，我们也许会改变自己的期待，或者找到满足我们期待的有效方法。

有位朋友谈到了她培养孩子的一段经历：

这半年来，处于青春期的孩子状况连连，自我封闭、拒绝交流、抑郁、焦虑、失眠等症状层出不穷。我应接不暇，却总也猜不到她心里想的是什么，她到底想要什么。我不时地感到茫然无助、恐惧担心。各种复杂的情绪五味杂陈，如山洪喷涌，铺天盖地而来。这让我无力应对，随波逐流，无所适从，感觉和孩子渐行渐远。这是我不能忍受的生活状态。

后来，我意识到，当我处于一种担心和不安的状态与孩子交流时，好像更多的是祈祷孩子别说出什么我无法回答的话，或者我别说错了什么把事情再搞砸。处于这样的一种内心汹涌澎湃、翻江倒海的状态，我自然无法真正倾听到孩子的心声。现在想来想去，虽然我知道要尊重、理解孩子，但还是一副想要拯救孩子于水深火热之中的模样。这也导致了孩子根本不屑于与我表达和交流。即便是短短的交流也是带着抗拒和敌意的。

这段时间，带着这份觉察，和孩子互动时，我逐渐放下控制，放下期待，放下评判。带着一份好奇，一份尊重，让自己尽可能地安静下来，去留意孩子所要传递的信息。一点点地，我发现和孩子的心在靠近。

这位朋友暂时放下了期待，使她不再咄咄逼人，并能够重新亲近孩子。这实际上让她有机会真正帮到孩子。因为引导孩子需要了解孩子

> 暂时放下期待，静下心来交流。
> 透过他人的批评，了解对方看重什么。

的内心世界。

我们不能静下来听别人还有一个主要原因：别人的批评、指责引发了我们内在的痛苦。批评和指责是另外一个人用比较强烈的方式表达自己。它是我们了解他人的一个很好的窗口。透过批评的内容和语气等，我们可以去了解对方看重的是什么，以及究竟有多看重。但如果我们沉浸于批评所引发的不舒服中，那我们就难以静下来体会对方，去准确地把握他的心声。实际上，如果两个人之间经常吵架，他们的关系也就还不算太差，因为他们还尝试着沟通。如果把握住这沟通的契机，就有机会改善双方的关系。

有个朋友讲到她和老公闹别扭的一次经历：

一天早上，老公蒸鸡蛋羹，火候没掌握好，蒸老了。我说："老了，不吃了。"老公立刻变了脸："真难伺候，以后再也不给你做早餐了。"我心里郁闷了半天：哪里是我难伺候啊，分明是你爱发脾气，害得我在家也得小心说话。过了一会儿，气消点后，我开始理解他的心情。他辛辛苦苦做早餐，也是一片好意。他也不是故意把好好的蛋蒸成那样，出力没讨好，还被嫌弃，放我身上也会想要发火。所以，这不是他爱发脾气，而是他需要得到我的理解和体贴。这样把对方放在心里体会，想通之后，他在我心里又变得温暖和亲密了。

面对别人的批评和指责，我们的承受力越强，也就越能以此为契机来了解对方。为此，我们需要转变自己对批评、指责的态度，不要把批评和指责都看作是消极的，而要把它看作是了解对方以及提高自己的机会。当然，如果对方的批评、指责引发了我们强烈的痛苦，我们也需要照顾自己,而不能放任他人批评自己。遇到这样的情况,就要考虑打断对方,或离开现场。

我们可能无法完全做到庄子所说的"虚而待物",但我们可以提高自己聆听他人的能力。如果我们静不下心来体会他人,我们就可以具体分析是什么原因,并做出相应的调整。

倾听的内容

在倾听时,我们可以结合爱的语言四要素来体会对方。下面以前面讲到的蒸鸡蛋的故事为例,来说明这四个要素在倾听中的运用。

关注四要素
1. 事实:对方看到或听到什么?他有怎样的想法?
例　他听到我说:"老了,不吃了。"他对我有抱怨:"真难伺候,以后再也不给你做早餐了。"
2. 情感:他现在是怎样的心情?
例　生气。
3. 愿望:他有怎样的愿望?对他来说,最重要的是什么?
例　得到理解和体贴。
4. 请求:他有什么具体的请求吗?你怎么做,他会比较满意?
例　即使不吃,我也不要抱怨。但最好我也愿意吃。

倾听家人的心声,可以让我们更好地表达爱。

深入倾听的方法：1）保持中立；
2）给予对方适当的反馈；3）跟随对方的节奏。

结合爱的语言四要素，我们可以比较好地把握对方的经历、情感、愿望和请求等。在前面的表格中，我站在那位朋友的角度，试着体会她先生的状态。对于我们的亲人，当我们把注意力放在他们的批评和指责上时，我们就容易和他们较劲。而一旦我们看到他们语言背后的情感和愿望，我们往往就会变得温和而理性。

此外，我们要根据具体的情境，有意识地选择倾听的重点。例如，在领导交办某件事情时，我们需要特别关注领导具体说了什么；在朋友倾诉烦恼时，我们可能更需要关注他的情感和愿望。这是因为他们的期待不同。领导希望的是我们把事情办到位，而朋友找我们倾诉往往是想要得到陪伴和关心。

深入倾听的方法

为了深入地倾听，我们要创造宽松的谈话氛围，让对方能够自在地表达自己。要做到这一点，我们除了需要能够安静下来，还需要掌握一些具体的方法。以下是三个要点：

一是，保持中立，不要赞同或反对对方的观点。如果我们表达明显的立场，对方就有可能有意地迎合或回避我们的立场，甚至还可能引发不必要的冲突。这样，就会导致对方无法沿着自己的思路展开话题。

二是，给予对方适当的反馈。在倾听的过程中，对方可能会想知道我们的反应。这个时候，我们可以结合四要素体会他人并给予反馈，帮助对方意识到我们是怎么理解他的。反馈时，要考虑具体的情境。如果是工作场合,你反馈他的情感,大家可能就会有点尴尬。如果是朋友向你倾诉,反馈情感则可能正是他需要的。此外,反馈要简明,以免打断他的思路。

三是,跟随对方的节奏。在倾听时,我们只是静静地听,并在需要时适当地反馈,而不要转移话题。要注意,向倾诉者提问,或给予批评、建议、安慰等,都有可能打断他的思路,使倾诉者难以顺畅地表达他眼下正关心的话题。

下面结合一个倾听者的练习来说明这三个要点在倾听中的运用。

这个案例是王丽和邓凌两人的对话。【】内的文字是我的点评。邓凌的小孩在国外读书,在语言学习上遇到了一些困难。在表达时,虽然邓凌说的话有时有些长,但王丽并没有打断她,而是耐心地陪伴她。王丽的倾听为邓凌充分表达自己、梳理自己的情绪创造了很好的条件。

邓凌:"……我有时候看她回来就光看电视,也不读书。因为他们的作业毕竟还是比较少,不是天天都有很多作业。尤其是周末和节假日基本上就没作业,然后她就光看电视。看电视,你的那个阅读水平怎么提高?她不管,说看电视也能学英语。我想,看电视当然可以学一些英语,就是她多听也会有帮助,但是光看电视,她碰到具体的单词,还是不认识。意识到这点之后,我就开始着急了。哎呀,不知道怎么才能推动她。她就是始终对学习提不起太大的兴趣。"

王丽:"心疼孩子,看到她遇到阅读的困难,还是有点焦虑,希望能帮她找到她感兴趣的方式方法,是吗?"

【点评 邓凌的这段倾诉较长,王丽注意保持安静并在适当的时候

简要地表达自己的理解,挺好!】

邓凌:"是。一方面能够理解她,学习中困难确实是挺大的,也不是短期内能克服的。关键是怎么样才能开始呢?总得有开始。跟她说过几次之后,再说,她就有点儿烦了。我尝试过几次其他方法,还是有一些挫败感。真的希望能帮她找到切入点,使她能够喜欢上读书……"

王丽:"嗯嗯,咱着急,人家没事儿人一样。"

【点评　倾听时,要注意保持中立,而不要去评判他人。在这里,王丽可以考虑就先回复"嗯"。】

邓凌:"不知道她是不是像没事儿人一样,像老话儿说的'皇上不急太监急'……有时候自己也觉得挺累的。自己在帮她想办法,但是,你跟她商量,她老不理。就是被她的事儿花了太多精力,自己的事儿经常顾不上了。这段时间瑜伽也没练,经常腰酸背疼,自己读书会的事儿也没准备。感觉照顾自己的时间很少,整天照顾孩子和家了。今天下午出去溜了一大圈儿回来,感觉还挺好的。就是想起她读书的事情一直没有太大进展,还是挺着急的。"

王丽:"嗯嗯,放了很多精力在她身上,有些累,把自己忘了(发了三个拥抱的小表情)。"

邓凌:"(发了三个拥抱的小表情)谢谢你。"

王丽:"一想到她读书的事儿就有些焦虑了。"

【点评　王丽的这一句和上一句分别反馈了邓凌对自己的需要的关注和对孩子学习的关注。这是邓凌上一部分叙述结束时的两个主要的点,分成两句来反馈,挺好!】

邓凌:"是啊。唉,着急也没用,本来就是她的事儿。所以,我觉得是不是自己老催她呀,我自己的情绪对她有一些影响。所以,有的时候想想就……先把自己放松下来,想做点啥就做点儿啥,可能她也会感觉放松一些吧。"

王丽:(发了一个"赞"的表情)

【点评　这时是不是点赞,要考虑一下。如果继续倾听,搁置评判,保持中立,有助于创造一个对方可以放松表达的氛围。可以考虑反馈说"你觉得你放松下来,可能对她也好",或只是用"嗯"表示听到。可以等倾听完全结束后,再发表自己的看法。】

王丽:"现在感觉怎么样?"

邓凌:"感觉胸口好像没那么堵了,心也不像刚刚开始说这些事儿的时候提着,好像放下了不少,虽然觉得里面还有一块硬硬的,在那儿还有些不舒服,肩好像也放松了下来。"

王丽:"放松了些,还是没有完全放松。"

【点评　用简单的语言概括对方的叙述,挺好!】

在聆听他人的倾诉时,我们可以试着保持中立,跟随对方的节奏,让对方可以自如地表达自己。有时,他会停下来,想要知道我们怎么理解他的话。这时,我们可以用简洁的语言反馈他所要表达的要点。如果他觉得得到了自己所需要的理解,就会继续往下说。或者,如果我们理解得不够准确,他也可以做出澄清。不论如何,我们要让他把握谈话的主动权,创造条件让他逐步深入地表达自己,而不打断他的思路。在这个对话中,除了偶尔评论,王丽基本上做到了安静倾听、适当反馈,以及跟

> 倾听意味着让对方把握谈话的方向，而不要引导对方。

随邓凌的节奏。这样，王丽就很好地支持了邓凌表达和体会自己，并帮助她放松下来。

引导妨碍倾听

倾听意味着让对方把握谈话的方向，而不要引导对方。下面是王丽的另一个倾听练习记录。我们将看到，试图引导会妨碍倾诉者自由地表达自己。

张帆："您好，王丽老师！早餐没控制住情绪。"
王丽："实在是忍不住了，对吗？"
【点评　反馈事实。】
张帆："孩子的卫生问题，说了不止一次，没效果。的确没忍住。"
王丽："'说了好多次了，你都没改。我给你来个厉害的教训教训。'当时是这么想的吗？"
【点评　反馈事实。】
张帆："不是想教训孩子，是觉得不卫生，房间乱，脏衣服跟干净衣服没分开，泡的衣服两天还没有洗。我觉得我是忍受不了孩子屋里的环境了。"
【点评　虽然没猜对，但并不妨碍张帆继续表达。】
王丽："希望他把脏衣服洗出来，干净衣服放在一个地方，不能混在一起。"

【点评　反馈请求。】

张帆:"嗯。"

王丽:"看到这么乱,你很生气,需要干净整洁,是吗?"

【点评　反馈事实、情感和愿望。】

张帆:"是的。我把泡的衣服洗了,洗的时候,情绪一下就爆发了。"

王丽:"孩子把衣服泡在盆里两天了,也没有洗,他在忙什么事情呢?现在说这件事的时候,你的心情怎么样?"

【点评　王丽的第一句转移话题了。我猜张帆当时有些懊恼,如果王丽想要跟随她谈话的节奏,可以问"你现在是不是挺懊恼的?"】

张帆:"写作业、吃饭,我也知道孩子时间紧。平静了好多,有愧疚的成分。"

【点评　她在反省她自己。】

王丽:"时间很紧张。那洗衣服的时间,他还是能抽出来的吧,你是不是这样想呢?"

【点评　这个时候,张帆在表达愧疚了。如果顺着她的关注点,王丽可以反馈说"你希望自己能够多体谅他,是吗?",或者只是"嗯",给她创造表达的空间。】

张帆:"我早晨为我的情绪跟孩子道歉了,但我感觉孩子能感到我不是真心的。如果衣服不累积,一天洗几分钟的时间肯定是有的。我希望孩子每天洗当天的衣服,不要累积,一天五分钟足够了。"

王丽:"孩子不想洗衣服,是不是他觉得有点累,想休息,想放松呢？"

【点评　这个时候的关注点可以仍然放在孩子妈妈身上。王丽可以说："你是不是一方面觉得有些愧疚，希望自己能多体谅孩子，另一方面，心里面其实还是希望孩子可以更好地分配时间？"一般来说，作为倾听者，我们先充分倾听和理解对方，然后再帮助对方理解另外一个人。】

张帆："我觉得是衣服多，他不洗也有得穿。是我买的有点儿多。"

【点评　她的关注点仍然是在反省自己。】

王丽："关于这一点你和孩子确认过没有？是不是他也是这样想的呢？"

张帆："没有确认过，仅仅是我的想法。"

王丽："现在对孩子还感到愧疚，是因为早晨冲他发火了吗？如果这个事情再来一遍，你会怎么做呢？"

【点评　王丽作为老师，一方面觉得自己应该引导，另一方面张帆又期待她的引导，所以要特别注意自己引导对方的强烈冲动。在谈话中，要沉住气，多用"嗯""哦""我在听"之类的词语，让张帆可以尽情表达。等她表达比较充分了，没那么关注自己了，可以再帮助她理解孩子和解决问题。】

……

在这个练习中，特别是在开头部分，王丽会注意表达对张帆的理解。但由于王丽很在意张帆的孩子能够多得到一些理解和体谅，在后半部分,她的回应就有了明显的导向。她的引导对张帆也许是非常有价值的,但她后半部分并没有专注在体会张帆的情感和愿望上,所以不能说是很好的倾听练习。

作为倾听者,我们常常会不自觉地带入自己的成见和偏好,以致不能以平和的心态倾听对方。为了克服这一点,我们需要具备一定程度的自我觉察。在发现自己有引导或改变对方的愿望时,我们可以提醒自己:为了更好地倾听对方,需要先把这些念头放在一边。

结束倾听的时机

在生活中,许多人很少得到专注的倾听。熟练地运用前面讲到的倾听技巧,可以帮助他们自在地表达自己并得到准确的理解。但人们想要的常常不只是倾诉,他们往往还会希望得到解决问题的建议。因此,作为倾听者,我们需要判断结束倾听的时机,然后将注意力转向探讨如何解决问题。

下面是一个朋友的倾听练习记录,可以帮助我们理解这一点。

郑兰:"你学不学古筝?我和老师商量好了。就是以前教我古筝的那个老师。他现在不在琴行教古筝了。我问他,如果有几个学生,他来我这边教行不行。他说可以。我想着能有三四个学生比较好。买个古筝一块儿学吧,行不行?……"

李萍:"好的,明天早上给你回话,让我和当家的商量一下。"

l 发现自己有引导或改变对方的愿望时,先把这些念头放在一边。
l 我们需要学会辨别结束倾听的时机。

第二天。

李萍:"不知道我能不能学会?七个音符都不知道,我能学会吗?要不,你去上课时,我跟着你去看看。我怕我又半途而废,像学瑜伽一练就头晕,不敢去练了。"

郑兰:"怕学不会有担心呀?"

李萍:"我怕自己半途而废,不知道这个难度有多大。"

【点评 到这里,李萍的意思已经很清楚了。她想要有个体验课。但是,郑兰后面的谈话并没有回应这点,难免就会有话不投机的感觉。】

郑兰:"难了,是不是就不愿意坚持了?"

李萍:"就是担心自己会坚持不下去,会放弃。"

郑兰:"平时事情多,怕没有时间练习,会跟不上课,是这样想的吗?"

李萍:"是的。"

郑兰:"所以内心很想学还是有些犹豫了,对吗?"

李萍:"是的,是这样的。"

郑兰:"后退的力量大于试试的勇气吗?"

李萍:"还是想试试的。"

谈话到这里就结束了。谈到最后,郑兰还是没有回应关于体验课的问题。在学习倾听的技巧前,我们往往会直奔主题,有时会过于直接,没有了解清楚情况就发表意见;在学习倾听技巧后,我们可能就会过于关注对方的内心世界,而少了一些直接。这是初学者常见的问题。实际上,在一个对话中,我们常常需要在倾听他人和表达看法之间切换。我们需要学会辨别,哪些时候需要注意倾听,以及哪些时候又需要结束倾听。

接下来,是另一个例子。这是我在工作坊和一个朋友的对话记录。

朋友:"有件事,我很犹豫。我特别向往能有一处自己的小院子居住。现在正好有个机会可以实现这个愿望,但我纠结要不要租。租期是二十年。我担心租期遇上不可控的事情,造成很大的经济损失。另外,距离市区远,担心出行不便。还有,去一个陌生环境,是否真如我想象中的那样理想。但是,我又是那么喜欢一个院子,现在有这个机会,又怕错过。住楼房让我感到不自在,很憋气。我特别希望自己可以有一个独立的空间。"

我:"你希望有空间做点自己喜欢做的事,比方养养花什么的?"

朋友:"是,我很想过放松的生活。"

我:"你希望自己好好放松放松,透透气?"

朋友:"是的,我希望自己可以好好放松一下,生活有压力,但我又不敢停下来。有时候真是透不过气来……老师,我听到你说希望透透气时,有情绪出来了。"

我:"我知道你有苦恼。"

朋友:"难道是我平时压力太大,当下只是希望放松下来好好透透气?这个透气的代价是否太大了?"

我:"你想自己可以透透气,但又希望租房这事靠谱,将来生活、工作方便,还有别的。这么多条件都需要具备,我建议你还是别租了。不如自己找个地方好好放松,或者带上孩子去度假?"

朋友:"我知道该怎么办了!"

工作坊的实际对话会比这里记录的复杂和自然一些。在开始的时候,我先确认她为什么想租房子,然后结合我平时对她的了解,直接给她建议了。对我来说很清楚,她那么多顾虑,真租了那二十年的小院子,恐怕非但解决不了问题,还会更有压力。

她后来给我反馈说:"在这次被倾听过程中,有两点意想不到的收获。第一,开始的目的很简单,就是希望听听老师的建议,租还是不租。没想到老师精准地扫描到了我的情感需求,让我意识到租个院子并不是我当下理性和最满意的决定。有很多选择可以让我更轻松地透气,而房子还没来得及让我透气,就已经凭空增添了许多烦恼。第二,在很短的时间内,老师解决了我的困惑,同时还让我很清晰地知道自己怎么了。这个过程,我觉得自然而然和简单高效。"从她的反馈来看,我的判断符合她自己的体会。

总的来说,我们要根据实际需要来决定自己的交流方式。有时,倾诉者想要的只是陪伴,这时只是倾听就刚好符合倾诉者的期待。如果倾诉者想要的是解决问题,那我们就要留意倾诉者的状态,并在适当的时候结束倾听。此外,作为倾听者,我们还要考虑照顾自己的需要,如果我们听累了或者感觉到自己有强烈的情绪,就要考虑是不是该结束倾听。

倾听与表达

在倾听的过程中,我们需要保持中立,对对方的观点不做评判。有个朋友曾问我,如果我不太同意对方的看法,只是表达理解而不谈自己的意见,那会不会不太坦诚?我们先不谈自己的意见,是为了让对方自在地表达自己。如果需要表达自己的意见,我们可以等结束倾听后再表达。例如,在第五章,我们谈到一位老师在了解学生的情况后,教育学生要对自己的行为负责。但并不是说,有不同意见就都要说出来。因为表达不同意见有时非但帮不了对方,反而容易产生隔阂。所以,在有不同的意见时,我们要根据实际的需要来看如何回应对方。

有个朋友谈到她处理父母矛盾的一次经历:

中午我接到妈妈微信:"你爸又开始喝酒了,恨不得一天喝三次。尤其昨天喝完酒后,又开始像年轻时耍酒疯的样子,大喊大叫发脾气,听不进好言相劝。我看是在作死。"

我听妈妈说了半个多小时,又和爸爸视频了二十多分钟。我没有站在妈妈的一边数落爸爸,只是跟爸爸聊聊天,听他说说话。第二天晚上我收到妈妈微信:"昨天你跟你爸聊天后很见效。昨天晚上就没喝,今天只是中午喝的,很好。"

又过了几天,我在和父母视频电话时,问到父亲走路、喝酒的情况。父亲说走路比以前走得多了,能走四五圈,达到了锻炼的效果。喝酒一天一顿,一顿一两。父亲说他能说到做到,我说父亲特别有毅力,是我的榜样。父亲听了笑着说:"很高兴。"

是不是直接表达意见,要看实际需要。这位父亲显然知道女儿并不赞同自己过量喝酒。女儿再唠唠叨叨,恐怕只会让父亲烦心,且于事无

l 如果需要表达自己的意见,可以等结束倾听后再表达。
l 克制自己和倾诉者一起批判的冲动,看看怎么做才是真正有益的。

补。然而,女儿没有直接数落父亲,却能让父亲体会到体谅和鼓励,帮助他克服自己的缺点。可以说,此时无声胜有声。

如果我们在倾听时,发现自己对另外一个当事人有意见,这个时候,我们要注意克制自己和倾诉者一起批判的冲动,然后看看怎么做才是真正有益的。

有位朋友谈到她有一次倾听母亲的体会:

中午接到妈妈的电话,听妈妈说起我嫂子对她不像话的表现和她满肚子的委屈。我一时间火气上涌,很想帮妈妈说嫂子几句。喘了几口粗气,说了两句气话。再一想,我说嫂子只会加深妈妈对嫂子不好的印象,根本无助于家庭和谐。我能为妈妈做些什么?能为大家庭的和谐做些什么?这么一想,胸腔里的气也稍稍平稳些了。我定定神,边听妈妈说,边反馈妈妈的心情和愿望。有时也会给妈妈建议,目的都是理解妈妈并促进团结。

听妈妈说的过程中,我看到妈妈为儿女做事真是毫不计较。她看嫂子店里忙不过来,还想过带着我爸去店里给嫂子帮忙。妈妈也很看重亲人之间的和谐与相互关心,希望我们兄妹能团结,在我力所能及时帮帮哥哥。妈妈还希望自己养老时能被尊敬并在情感上被好好对待。

以前倾听闺女时,闺女说:"妈妈,你别用你们那套来跟我说话了,你不就是安慰我一下,好让我别再烦你吗?你根本就不想帮我。"当时,这话对我是当头一棒,但也不明白我哪里没做对。现在,我明白了,对于家人,不仅要理解她,还要把她在意的事放在心里,看看能为她做些什么。所以,当我听了妈妈的话,了解了妈妈的心愿,我就想把妈妈看重的事放在心上。在日常的生活中,让妈妈体会到我们兄妹之间的团结,以及对父母真心的敬与爱。

她克制了自己数落嫂子的冲动,她所做的却符合妈妈内心深处的渴望:家庭的和谐。如果她当时和妈妈一起说嫂子的不是,可能暂时是痛快了,但却可能加深妈妈与嫂子的隔阂,以及自己与嫂子的隔阂。这样,只会让大家的处境变得更难。

在倾听时,为了创造条件让倾诉者自在地表达自己,我们需要暂时搁置自己的想法,不要评价他人。等倾听结束,或者暂时告一段落后,我们再结合实际需要来考虑如何表达自己。

小结

理想的倾听状态是,安静下来,一心一意地去了解对方的状态。如果我们静不下来去体会对方,我们要具体分析是什么原因,并做出相应的调整。

在倾听时,我们可以结合四要素来体会对方。这可以帮助我们更好地把握对方的经历、情感、愿望和请求等。此外,我们需要根据具体的情境,有意识地选择倾听的重点。

为了深入地倾听,我们要创造宽松的谈话氛围,让对方能够自在地表达自己。以下是三个要点:1)保持中立;2)给予适当反馈;3)跟随对方的节奏。试图引导对方会妨碍对方自由地表达自己。

作为倾听者,我们需要判断结束倾听的时机。如果对方想要我们帮助解决问题,当我们已经了解了足够的信息,就可以把注意力转向解决问题。还有,如果我们已经疲倦了或者处于强烈的情绪状态,也要考虑给予自己适当的照顾。

在有不同的意见时,我们要根据实际的需要来看如何回应对方。有时,我们需要直接地表达自己;有时,则需要委婉地表达自己;在另外一些时候,什么也不用说。

练习六:倾听的技巧

个人练习

一对一倾听练习:找一个学习爱的语言的朋友,在他遇到烦恼需要倾诉时倾听他。以下是练习提示:

1. 搁置成见

看看自己是否可以放下成见,静下来,带着好奇体会倾诉者。

2. 关注四个要素

留意事实、情感、愿望和请求。

3. 跟随倾诉者的节奏

让倾诉者可以顺畅地表达自己,同时允许他有沉默的时间。

4. 适时反馈

当倾诉者希望听你反馈时,可考虑反馈。记住:这不是赞同或不赞同倾诉者,而是帮助他了解你是怎么理解他的。

5. 反馈的方式

(1) 运用"你"而不是"我"开头,有助于倾诉者把注意力放在他自己那里。

(2) 结合四要素反馈对倾诉者的理解。

例句:

反馈事实:"你是说他没有按时完成作业这个事情?"

反馈情感:"你是不是感到有些焦虑?"

反馈愿望:"你希望他能够养成良好的学习习惯,是吗?"

反馈请求:"你是不是希望他晚上先完成作业再干别的?"

(3) 为了体现开放的态度,注意语气。

例如:用带着疑问的语气来反馈。

个人练习示范

请参考本章"深入倾听的方法"这一部分的内容。

团体练习

一、练习目的

1. 练习在倾听时反馈倾诉者的情感和愿望。

2. 了解这样的反馈方式对沟通的意义。

二、练习人数

可分5～6人一组练习。

三、练习步骤

1. 倾诉者讲一个不太愉快的经历(五分钟以内)。
2. 第一轮反馈:习惯式的反馈。
3. 第二轮反馈:倾听者反馈自己体会到的倾诉者的情感和愿望。请参考以下句式:你是不是有些_____(情感),你希望_____(愿望),是吗?(情感和常见愿望的词语,参见第四章的情感词汇表和常见愿望词汇表)
4. 倾诉者分享听到不同反馈的感受。

四、练习说明

以下是一个虚拟的练习过程,用来说明练习步骤。

步骤一:倾诉者讲一个故事。

倾诉者:"和父亲住在一起后,教育观念的差异让我和父亲彼此看不顺眼。晚饭后,两岁多的女儿玩起了磁力棒,我背对着饭桌,坐在女儿身边看着女儿。她小小的手摆弄着磁力棒反复努力着,用了七八分钟搭出了有生以来第一个正四面体,之后连续 40 分钟,饶有兴致地接连搭了 13 个正四面体,每完成一个都会欣慰地长出一口气。我看在眼里,喜在心里,赞叹道:'真棒!'我话音一落,父亲便把酒杯蹾在桌上,鼻子一哼:'不受挫折的教育不是完整的教育!'"

步骤二:倾听者习惯式的反馈。

倾听者 1:"别和他一样见识!"
倾听者 2:"孩子还是自己带比较好。"
倾听者 3:"对孩子要鼓励,多表达欣赏,老人不懂这些。"

倾听者4:"你父亲说的对！你就是太宠孩子了！"

倾听者5:"他针对的应该不是这个事情,他可能是觉得你该严的时候也不严。"

步骤三:倾听者表达理解。

倾听者1:"你是不是有些郁闷,希望父亲能对你多点理解?"

倾听者2:"你是不是觉得有点烦,希望可以多一些自己的空间?"

倾听者3:"你是不是感到很无奈,希望父亲可以尊重你养育孩子的方式?"

倾听者4:"你是不是有些伤心,希望家里能够和和睦睦的?"

倾听者5:"你是不是觉得有些难过,希望你们父女的关系能够变得融洽些?"

步骤四:倾诉者分享体会。

倾诉者:"第一轮反馈,前三位朋友的观点听起来有点解气,让我觉得自己更有理了;第四位朋友的反馈,听起来感觉比较堵;最后一位朋友的反馈,细一想,挺有道理,但第一感觉不太能够接受。第二轮反馈,感觉都比较贴心,会让我有继续聊下去的愿望。"

第七章。处理与他人的冲突

在生活中，我们不可避免地会与人发生冲突。既然冲突无法避免，那我们就要学会处理冲突，而不能一味地回避冲突或意气用事激化矛盾。本章将介绍处理与他人冲突时需要注意的几个关键点。

牢记沟通原则

处理与他人的矛盾，我们要提醒自己爱的语言的核心：待人以爱以敬。这也是爱的语言实现和谐关系的基本原则。它的基本表现是，严于律己、宽以待人。严于律己，多看自己的不足；宽以待人，多考虑别人的难处。如果我们常想着自己做不到位的地方，以及别人的难处，那么我们就会有一颗谦卑的心。这样，我们就容易发自内心地尊重他人，从而处理好和他人的关系。

有个朋友是一个社区的工作人员，她谈到她和主任之间的一次冲突：

我在原来的社区担任副主任，社区里大多数事情都由我和主任承担，忙碌又辛苦。一天，主任说有一位新员工即将报到，各方面的能力都不错。听到这个消息，我俩都很振奋，多了一个新帮手。考虑到我接手了棚户区的拆迁工作，不方便再兼着报账员的工作，

> 严于律己、宽以待人：多看自己的不足，多考虑别人的难处。

我就向主任提议："主任，新来了人员后，是否可以考虑把报账员的工作交给他呢？"主任接下来的一句话完全出乎我的意料："闲着你干什么？"

这句话像重锤一样敲在我头上，工作以来日日夜夜的辛苦，都变成了愤怒和委屈。我虽然有意识地控制着自己的情绪，但内心那股悲哀夹杂着怒气依然涌动着。沉默片刻后，我尽量平静地问："你这么说是什么意思？你是认为我每天都没有做工作，很清闲是吗？"她也意识到刚才的失言，但双方都继续维护自己，我们的交谈越来越激烈。谈话自然是无果的，同时两个人都又气又难过。

这位朋友和我谈了这件事情。她性格耿直，工作很投入，同时和主任私交还不错。按她们的关系，说话直接些，问题也不大。但如果她觉得自己辛苦，主任就应该怎么样，那主任就不好领导她了。我和她说："你是不是有些骄傲了？如果你居功自傲，主任和你就不好相处了。"她想了想，虽然她们的矛盾还有别的原因，但自己确实有点骄傲了。

在一个关系中，如果双方都倾向于维护自己的话，就容易形成对立。所以，处理与他人的矛盾，特别是在我们表现不错的时候，我们要注意严于律己、宽以待人。这样，才会有助于促成友爱互助的关系。

确立沟通目标

目标为我们解决问题提供了方向。在与他人发生冲突时，我们需要从双方关系的性质出发，结合相关的沟通原则来确立目标。例如，在处理家庭关系时,我们要注意维护家庭的团结;在处理工作关系时,我们要服务于工作的大局;等等。这样,我们就不容易情绪化,而可以更理性地处理矛盾。

在新冠肺炎疫情期间,有个朋友与老公发生了一次冲突。她写下文字反思自己的这次经历:

一个早晨,老公说:"把你放我床头柜上的书都拿走,到处被你弄得乱糟糟,整天装作爱学习的样子。"听完这话,我心里真的很生气,内心吐槽:"多么小心眼的男人啊,放几本书在你床头都不行。如果真爱干净,你动手收拾收拾啊!"

这样的清晨真的不算美好,对吧?但是现在的形势是:两人吵翻了,谁都无处可去。"气"这个东西有个特点:你越觉得自己有理,全是对方的错,你的"气"就会越烧越旺;反之,如果能想到自己身上也存在不足,也有需要调整的地方,那么,"气"就会弱下来,甚至消失。

我真的全对吗?当然不是!和老公相比,我的确是不太喜欢收拾东西。只有乱得一团糟时,才肯收拾。最近,厨房里变得越来越清爽,就是因为每天老公都进去收拾。该扔的扔、该规整的规整。想到这些,心里的"气囊"消肿了,咱做得不好的地方咱认账,老老实实收拾吧。

在发生冲突后,这位朋友意识到,她想要维护家庭的和谐。所以,她选择了反省自己的不足,并做出了调整。

还有个朋友分享了她在疫情期间处理工作矛盾的经历:

确立沟通目标，就不容易情绪化，而可以更理性地处理矛盾。

公司的一个服务系统准备从市公司割接到省公司,但因为疫情一直耽搁了。3月份,恢复正常工作后,省公司下了割接单,并确定了割接时间。我们部门是负责跟客户对接的,结果有家公司坚决不同意割接,他们担心疫情期间万一出了事没人处理。于是,我打电话给客户的相关负责人,介绍了割接的意义和具体步骤。同时,针对他的顾虑,我提出一个方案,让我们省公司先搭建一个测试环境,模拟网络映射。这样,如果测试没有问题,割接时网络就不会出问题。对方同意了我的方案,并在当日就完成了测试。

处理与合作伙伴的关系,要注意维护双方的友好合作。这位朋友在完成本单位目标时,并没有因为合作伙伴的不配合而指责对方。相反,她注意回应合作伙伴的合理需求,争取事情的解决方案能让双方都满意。最终,她取得了合作伙伴的积极配合,顺利完成了工作。这不仅解决了她眼下的问题,也为下一次的合作奠定了好的基础。

在处理矛盾时,如果我们能够有意识地运用原则来确立目标,那我们解决问题就有了明确的方向。这样,我们就可以更好地调整心态并有针对性地运用技巧。

让自己得到关心

有时,由于对他人有很大的意见,即使我们理性上想要待人以爱以敬,情绪上却拐不过弯来。这个时候,如果我们有机会抒发自己并得到适当的关心,就会有助于我们变得平和、理性。然后,我们就可以再运用相关原则来分析和解决问题。

下面是一位朋友参加工作坊练习后写的反馈。我将结合她的经历来说明这一点。【】内的文字是我的点评。

前进一小步，改变受用一生！

很幸运，工作坊中我参与的最后一个完整的沟通练习由阮老师亲自带领完成。准备时就期待这将是一次难得的疗愈机会，而事实亦是如此！这个案例是我对小姑子的一个心结，在阮老师的倾听和带领下，完成了"自由表达—事实—心情—愿望—请求—诚恳表达/关切倾听"的系统练习后，我对这件事的态度轻松了很多，也理性了很多。这种理性的理解并非是对自己的压抑或说教，而是真正的感同身受！下面就说说我练习的过程以及相应的体会和感受。

在我面前的地上，由近及远、纵向排列了"自由表达""事实""心情""愿望""请求""诚恳表达"提示卡（在我看来，这些卡片更像是一个个台阶）；在我旁边，是阮老师的指导和倾听；在我对面（比最后一张卡片远一些的位置），是同学扮演的小姑子（在自由表达时，可根据自己倾诉的需要请同学扮演小姑子或朋友。我选了小姑子，因为内心曾无数次想和她当面"倒饬明白"这件事）。

步骤1：自由表达

（此刻，我有充分的时间、足够安全的空间来向面前的"小姑子"表达我想说的话、我想释放的情绪）

愤怒压在心里会给我们很大的压力。

"你怎么那么没良心！自从我进这个家门，我哪里亏待过你？！我出差买礼物哪次落下了你？我想的做的远比你哥哥多得多，我惦记你远比惦记我自己的亲弟弟多得多！我对你问心无愧！你凭什么在我最痛苦、最无助、最需要帮助的时候，往我伤口上撒盐？！为什么要在朋友圈公开发表那样的话？！你说：'别人全心全意对待你还不满足，知足常乐吧！'对我有意见你可以直接和我说，发在朋友圈含沙射影算什么？！……

爸妈给我带大宝五年，我不希望和他们搞得没有余地，但我又无力靠自己走出来！我希望能有人帮帮我，从这种痛苦的状态中拉我一把！但你又搅了进来！你非但没有和我说句安慰的话，还在朋友圈说那样刺激我的话！你非但没有帮忙缓和我和爸妈的关系，反而让我们的关系雪上加霜！

妹妹，我和你哥结婚十年，在那件事之前，我从来没有想过和你的关系会出问题。但那之后，我每次想起都不舒服！现在，我对你已经做不到像从前那样发自内心的关照了。"

（这事发生一年多了，本以为重新提起仅仅是会有些不舒服，但没想到情绪会如此强烈！一开口，就是哭诉。随心所欲地倾诉让久压在心中的情绪随之渐渐散去，我的心情慢慢平复下来。练习进入下一步）

【点评　愤怒压在心里会给我们很大的压力。有适当的机会表达，可以缓和情绪，也可以帮助我们更好地体会自己。】

第七章　处理与他人的冲突

步骤 2：事实

（前进至"事实"卡片处）

阮老师："事实上发生了什么？"（什么事情引发了如此强烈的情绪？）

我："小姑子在朋友圈公开发布了一段话：'别人全心全意对待你还不满足，知足常乐吧！'我认为她是在说我。"

【点评 当我们有强烈情绪时，我们容易卷入自己对他人的意见中。平静下来后，就较容易关注事实本身，让自己变得客观一些。】

步骤 3：心情

（前进至"心情"卡片处）

阮老师："看到这句话时，你是什么心情和感受？"

我："我感觉伤心、痛苦、愤怒。"

阮老师："你当时哪种感受最强烈？"

我："看到那句话的那一刻，我的火腾地就起来了，最强烈的感受应该是愤怒！"

【点评 关注我们的心情，了解我们对事情的反应。】

步骤 4：愿望

（继续向前一步至"愿望"卡片处）

阮老师："当时你最需要的是什么？或者说你最看重的是什么？"

我："我看重亲情，我需要亲人的关心，我需要被亲人理解、接纳，我希望身边的人不要被我的情绪裹挟进来，我需要一个安全的环境

> |平静下来后,就较容易关注事实本身。
> |关注情绪,了解自己的渴望。

释放自己的情绪。"

【点评　通过关注情绪,了解自己渴望什么以及渴望的强烈程度。】

步骤5:请求

(迈进到"请求"卡片处)

阮老师:"现在,你对小姑子有什么请求?"

我:"我希望她能给予我关心,不要在朋友圈发那样的话刺激我。"

阮老师:"是不是希望小姑子能理解你、关心你?哪怕这些都做不到,起码不要做那样的事,是吗?"

我:"是的。"

【点评　了解我们对具体的人的期待。这并不是说,我们要去满足自己的期待,而是去看到我们想要得到别人怎样的对待。】

步骤6:诚恳表达/关切倾听

A. 诚恳表达自己

面对面前的"小姑子",我对她说:"妹妹,我不希望我们之间的关系出现裂痕,你如果对我有什么意见或想法可以直接找我聊。"

(我和"小姑子"表达之后,"小姑子"仍然体会到被指责的感受。阮老师提示,针对本例,和"小姑子"任何形式的"诚恳表达"都有可能成为"翻旧账"和指责,并不利于双方的建设性沟通。此时,阮老师在"请求"与"诚恳表达"之间加入了"关切倾听"卡片。在内心关切倾听"小姑子",尝试去理解她,将会更有利于化解我的心结)

B. 关切倾听对方

放下我内心对她的成见,体会"小姑子"当时关注的事实,她的心情、愿望和请求。

事实:公婆告诉她,我不理他们。

心情:她很生气,心疼她的爸妈。

愿望:她需要爸妈被尊重、开心。

请求:希望我和爸妈的关系更和谐。

(尝试体会小姑子当时的心情,也更能理解她那样做的动机了)

【点评 她对小姑子感到不满的主要原因是,觉得自己对小姑子特别好,而小姑子在自己困难的时候非但没有帮自己,反而指责自己。在这一部分,我主要帮助她理解:不论她和小姑子的关系曾经多么好,从情感上,小姑子自然地还是会偏向父母那一边。这是人之常情。】

练习后的感悟:

1. 情绪能量的顺畅流动非常重要。倾听自己时,通过自由表达环节,我将耿耿于怀很久的话和情绪顺畅放空。情绪逐渐平复,大脑才可以开始理性地思考。这一步非常重要也非常必要!

2. 倾听伙伴的用心回应让我很安心。自由表达环节,阮老师给予适当的反馈,让我感觉:我是被看见的;我在这里是安全的;我可以没有任何负担地说任何我想说的,同时又不会伤害到身边的人;我无须担心自己的情绪被堵回来。

3. 这个练习的过程是建设性的。恢复理性后,梳理"事实—心情—愿望—请求"的过程,尊重了事实、尊重了自己,并有助于建设性地满足自己的需求。如果在情绪释放之后,没有进一步思考,仅仅停留在"自由表达"阶段裹足不前,那么就很可能陷入"抱怨—自责—再抱怨—再自责"的坑里。前进一小步,改变受用一生!

4. 用倾听自己的方式去倾听他人。换位思考,能让自己跳出来站在更高的位置去看待人和事,自己内心的冲突量级会大大降低。但这需要一定的能量前提。

【点评 在整个练习过程中,我们先运用四要素帮助她体会自己。需要注意的是,第一步的"自由表达",我们也是在关注事实:我们内心的真实想法。第二步的"事实",在这里特指具体发生了什么事情。这两个部分加在一起构成了爱的语言的第一个要素所指的"事实":发生了什么事情以及我们的真实想法。第三步的"心情",对应的是第二个要素:情感。第四步的"愿望"和第五步的"请求",则对应的是第三个和第四个要素:愿望和请求。通过运用四要素体会自己,这位朋友变得平和,并把注意力从抱怨转向了她内心的渴望:亲情。这就为她接下来冷静地分析和解决问题创造了条件。

然后,在第六步的"诚恳表达/关切倾听"中,我们帮助她体会表达的影响以及小姑子的心理。在这一步,我围绕如何实现她的愿望来分析问题:表达自己的请求是无效的,想要实现和谐,我们需要多体谅小姑子的难处,而不用对小姑子有什么要求。这为她提供了解决问题的思路。她很快就调整了自己的心态,使这个困扰她很久的问题得到了有效的解决。】

以上是这位朋友的叙述和我的点评。后来,她给我留言说:"原本不太想谈和小姑子的这个事情,每次想起来都很难受,所以不太想去碰。心里也觉得这个事情无解。但现在随时可以想起来,也不会觉得不舒服,感觉是蛮正常的一个事情。另外,现在想起这个事情,会自动进入'事实—心情—愿望—请求—关切倾听'这些后面的环节,前面的自由表达部分的那些情绪也就没有了。"

在日常生活中,我们不会像在工作坊中那样去做练习。然而,在情绪拐不过弯来的时候,我们要注意理解和关心自己。如果我们不知道如何梳理自己的情绪,而只是一味地要求自己去关心他人,那么最后我们实际上也很难做到。所以,在自己有很强烈的情绪时,我们可以考虑找善于倾听的朋友倾诉,也可以借助四要素体会自己(可参考第五章"理解自己的怨"的表格)。然后,等我们冷静下来了,再看如何解决问题。

不要迁怒于人

运用爱的语言的沟通原则,除了要注意理解和关心自己,我们还要避免迁怒于人。如果我们很爱一个人,在做不到位的时候,就容易把对方看作是自己的包袱。然后,我们可能就会迁怒于人。一旦发现自己有这样的倾向,我们就要提醒自己防微杜渐,以免养成不好的习惯。

有个朋友谈到他对夫妻关系的领悟:

2010年10月30日和31日两天,我和小文一起参加了由阮老师主持的一次工作坊。活动结束时心情是愉快而平静的。但天有不测情绪拐不过弯时，注意理解和关心自己。

风云,无常的情绪在我坐上大客车回市区的路上突然拜访了我。小文在 31 日中午休息时间抽空接受了一位来参加学习的老师的心理疏导。下午看到她时,两眼又红又肿,我猜她哭的时间一定不短。当时还挺替小文高兴,她很幸运能得到那位老师的帮助。

回京的途中,我和小文坐在大巴的最后一排。小文表情平静,眼中有淡淡的哀伤,一直沉默着。我对中午她们到底说了些什么很感兴趣,就主动问,结果小文的反应很冷淡。她好像自言自语地说:"我确实没有为自己活过。所有人都认为我生活在蜜罐里,还有什么不满足的。可是我就是感觉家里没有任何人能理解我。"然后,她就不再说话了。听到这样的话,我的心情非常沮丧。她居然认为一个一面之缘的陌生人比我更能理解她。这太令我难以接受了。很快,我对那个老师产生了一股怨气。她都说了些什么啊,怎么经过她的疏导,我们夫妇之间的关系不但没有变得更融洽,反而感觉彼此更冷漠了。我对小文也开始生气了。

一路上,我们没有什么真正的交流,只是简单聊了晚饭吃什么。我的心情越来越压抑和苦闷。到家后做饭,饭上桌后,小文对着桌子一脸愁苦,又开始默默地流泪。我的情绪糟透了,一点胃口也没有,怒火开始在我心中升起来。

我努力压制住自己想爆发的怒火,开始反思自己为什么会出现这样的情绪。我很快看到自己在面对妻子的痛苦时,最初的感受是自责和内疚,觉得自己很无能,无法让她得到轻松快乐的生活。但觉得自己无能非常刺痛我,我根本无法承受。所以,我很快把这种痛苦转为对小文的指责:"我做了这么多努力,希望她轻松快乐起来,她凭

第七章 处理与他人的冲突

什么这样对待我?"我对她的怨恨不断积累,直到怒火中烧。

　　这时,我问自己,我有什么样的需求没有被满足,才会出现这样的感受呢?我看到,我一直都想做一个能够带给妻子快乐的丈夫,我希望能够感受到更多的爱和幸福,可是我没有做到。看到这些,我的情绪轻松了不少。虽然心情仍然沉重,但已经能开始去体会和关心小文的感受和需求了。我猜她现在最大的需要是想得到我的理解。

　　我问小文,那位老师有什么建议。小文说老师建议她回家在一张纸上写出自己的优点和缺点,缺点写两条就好,优点至少写十条。我对小文说:"你的优点太多了,随便写就能超过十条。"然后我就开始列举她的优点。小文的表情在听我说话的过程中渐渐舒展开来,后来又流泪了。我感到那是一种欣慰的泪。她对我说:"听到你这么说,我真的很开心。"而我的怨恨情绪也消失了,顿感食欲大开,于是,我美美地吃了一顿晚餐。

　　但最精彩的事发生在第二天。我正好听到《我们是一家人》这首歌,歌中有一句:"我的快乐来自你的笑声,而你如果流泪我会比你更心痛……因为我们是一家人,分担分享彼此的人生。"我当时就寻思:"昨天看到小文流泪,我为什么不但不心痛,还对小文产生不满、怨恨甚至发怒呢?难道我们不是一家人么?"忽然间,我一下子明白了,原来我的心是在痛啊!我心痛着妻子的心痛,可是多年来,内疚和愤怒遮挡了这份爱意。那一刻,我不禁失声痛哭,很久很久才平息下来。

　　这位朋友很爱他的妻子,却因为妻子的不快开始责备妻子。然后,通过反思这次经历,他发现,这实际上是他自己生活的常态:许多年来,那其乐融融的家庭时光是我们每个人幸福的来源。

做不到位的时候，要避免迁怒于人。

内疚和愤怒阻碍了自己对妻子的爱。他的经历实际上是具有普遍意义的。当我们很爱一个人的时候，我们就容易感到内疚。然后，由于内疚，我们就容易感到被责备，就容易心生怨恨。这样，我们也就难以处理好双方的关系。所以，如果我们想要待人以爱以敬，在做不到位的时候，我们要注意理解和关心自己，同时避免迁怒于人。

转变对批评的态度

运用爱的语言的沟通原则，还有一个关键是，转变对批评的态度。一个人怕被别人批评、指责，听到批评、指责时容易生气，这常常是为了自我保护。如果不敢说出来，那就只好在心里生闷气。而说出来，又容易伤害关系。面对这样的困难，我们可以考虑转变自己对待批评的态度。

首先，我们要以坦然的态度面对批评。根据《宋史》记载，在宋真宗面前，寇准多次批评王旦，但王旦向来都是肯定寇准。宋真宗和王旦谈及此事时，王旦回应说："这个很正常。臣久居相位，肯定会有许多过错。寇准对陛下没有什么隐瞒，更说明了他的忠诚。这也是为什么臣看重寇准的原因。"寇准批评王旦，不见得都是合理的，王旦却坦然接受，这就是我们常说的"有则改之，无则加勉"的态度。如果我们能够做到这一点，我们的心理承受力就会增强，别人也会更加尊重我们。反过来，我们越是怕批评，也就越软弱、越敏感。这样，别人也就越容易对我们有意见。

其次，我们可以把批评当作是了解他人的机会。如果想要待人以爱以敬，我们就需要了解他人的真实情况。别人的抱怨，常常表达了他们的痛苦。通过他们的抱怨，我们就可以去了解他们重视的是什么，以及怎么做可以照顾到他们。

有个朋友讲到了她和母亲之间发生的一个故事：

一日回家，看见母亲披着自己用一块浴巾改造的披肩。披肩已经洗过很多水了，与美观没半毛钱关系。我问母亲："妈，前年给你买的羊绒披肩呢？"母亲说："弄脏了不好洗。"原来是担心弄脏后洗坏了，我回家后又找出一块披肩给母亲，面料可以机洗，穿起来也很方便。

周末回家，母亲像想起什么大事一样对我说："你等着，我给你看个东西。"过了一会儿，母亲从卧室出来，手里拿着我前些日子给她的披肩，但分明款式已经大变。原来是分片式的，改造后已然变成了一个类似斗篷的服装。母亲披在身上让我看效果，我有些哭笑不得："妈，现在这个毫无美感了，勉强像个斗篷吧，但是我更想说像个蓑衣！"母亲脸色变了变，想发作，但是忍住了。过了一会儿，她开始嘟囔："我这个要是穿出去，人家都会夸我手巧，在你这里都是无用功。"

我没有再回应母亲，担心自己说多了，娘俩又"叮当"起来。回到家后，想到母亲用的一个水杯，是个小丁点的玻璃罐头瓶，母亲居然给这个小罐头瓶织了个毛线套。想到这，心里又是一阵生气："给你拿过去那么多保温杯，你都不用，非要用个小破罐头瓶，还费劲织个套子。有好东西不用，非得费力气鼓捣这些破烂，真是有劲没处使啊！"生了会儿气后，心情好点了，又想起了母亲说的话："我这个要是穿出去，人家都会夸我手巧，在你这里都是无用功。"这个让我生气的

| 别人的抱怨,常常表达了他们的痛苦。
| 爱一个人、敬一个人,需要把对方的愿望放在心上。

老太太到底想干吗呢?

人家夸她手巧,那一定是美滋滋吧?这是想要肯定和赞扬啊!我这榆木脑袋咋没想到呢!平时光吃喝着我要被看见、被肯定,咋就没想到母亲人老了也想要被看见、被肯定呢?她的手还真是巧,被类风湿侵蚀的手完全变形,还能拿着针线做一点针线活,这难道不值得肯定吗?她安安静静地做点针线活有啥不好呢?平时朋友圈里,大家玩个泥巴、钩个花边、画个画都要晒一晒……咋自家的老妈按照自己的想法做点手工,我不仅不欣赏,反而还冷嘲热讽的呢?我这心还真是歪到沟里去了。

在和母亲的互动中,我逐渐看到了自己的一些问题。比如,这一次,我满脑子都盘旋着"她总是想怎么样就怎么样",而不能去理解和关心她。以后,遇到事情还是要关注母亲的心情和愿望,只有这样,我才能够真正体贴到她。

在这件事情中,母亲的抱怨帮助这位朋友理解了母亲想要的究竟是什么。爱一个人、敬一个人,需要把对方的愿望放在心上。而他人的抱怨给了我们宝贵的线索来了解他们。这么做不仅会进一步增强我们面对批评时的承受力,还会有助于我们反省自己和照顾他人。

最后,要掌握批评的分寸。爱人敬人并不是说不能批评人。相反,我们有时愿意批评一个人,正是因为我们关心他,正是因为我们看重他。只是,我们要注意把握批评的分寸,让批评服务于沟通的目的,而不是随意发泄情绪。

《论语》引用子游的话说:"事君数,斯辱矣;朋友数,斯疏矣。"这句话的意思是说:虽然做臣下的应当劝谏君主的过失,做朋友的应当指正朋友的错误,但如果说得太频繁,做臣下的就会自取其辱,而朋友也会疏远你。该不该批评他人?子游的话实际上指出了一条中间道路:该批评的时候,还是要批评,但要把握分寸。否则,非但于事无补,反而伤害了彼此的关系。如果我们善于运用批评来帮助他人,那么,我们也就能够更加积极地对待别人的批评。

在与他人发生矛盾时,双方容易互相批评和指责。这个时候,要处理好关系,我们一方面要坦然面对别人的批评,把它看作是反省自己和照顾他人的线索;另一方面,我们又要注意把握批评的分寸,既不过于克制,也不随意发泄。这样,我们就会更有力量来运用爱的语言的沟通原则,而不为自己的情绪所左右。

学会凝聚共识

在生活中,许多矛盾通过反省和调整自己是可以得到解决的。但在另外一些时候,我们需要通过与他人凝聚共识来解决矛盾。下面是一个学校老师记录的她管理班级的例子,我将用它来说明与人凝聚共识的四个要点。

一次管理班级的记录

第一步:澄清事实

我:"你昨天做值日了吗?"

李:"做了。"

我:"我听同学说你一放学就跑了。"

李:"我在第四节课前的课间扫地了,还倒了垃圾呢。再说放学时我看地面也不太脏。"

第二步：倾听、理解学生

我："小李，在你的定义里，只要在放学前扫地、倒垃圾了就算做值日了，是吗？"

（李点头）

我："你说放学后地面也不太脏，我相信这一点。昨天也没有因为地面给班里扣分，单看这件事的效果，没什么。但是我现在有个困难，你帮我看看怎么办。"

（李点头）

第三步：表达自己并寻求理解

我："要是我默许了你这个值日的做法，如果其他同学也在放学前弄一下，一放学就回家了，那最后一节课留下来的垃圾就没人收拾了，那班级卫生老师就不知道怎么处理了。你帮我看看，该怎么办呢？"

（李似乎有点不好意思）

李："哦，那我是不对。"

第四步：合作解决问题

我："那按班里的规矩，你给班里补做一礼拜的值日？"

李："好吧。"

我："那咱们怎么和班里说这事呢？"

李："您就说我忘了吧。"

我:"好的。谢谢你对我工作的支持。"

(很快,我就想起,他家住得离学校远,这可能也是为什么他急着回家的原因。这样,如果补做一礼拜的值日,他也许不太方便)

……

(第三节课是我的课,预备铃已响过,黑板还没擦,我就叫他)

我:"小李,擦黑板啊。"

李:"啊,我还要擦黑板啊。我不是就扫地吗?"

我:"都是你一个人干呀。"

(李不高兴了,但还是去擦了。最后他是把抹布从远处扔回水盆里的,看起来有情绪。中午时,我重新考虑了对这件事情的处理,找了小李和卫生委员小丁)

我:"今天上午我让你擦黑板,你看起来有点抵触。我跟你说都是你一个人干,这是我没说清楚——你只需要承担一个人的活就行了。"

(李高兴了)

李:"谢谢老师。"

我:"那你说你干什么活呀?"

李:"我扫地吧。"

我:"你不是想早回家吗?你擦黑板吧。"

李:"好,好。"

我:"小丁,你看这个分工公平吗?"

丁:"不公平。应该擦黑板、讲台、窗台才公平。"

李:"好。"

我:"你说话算话,一定把活干好了。"

(李答应了)

在接下来的一周里,小李认真完成了他承担的任务,事情得到了圆满的解决。

以上是这位老师的记录。她对这个问题的处理,体现了与人凝聚共识的几个要点:1)要注意澄清事实,以免大家由于误会而引发争论;2)要给对方说话的机会,并注意表达对他的理解;3)等对方觉得自己得到了理解,我们可以表达自己并寻求他的理解;4)最终的解决方案要考虑双方的需要,不要得理不饶人。

这四点是凝聚共识的一个简明的思路。我们知道,有时凝聚共识并不容易。但如果我们注意澄清事实,把握好说和听的时机,就可以较好地促进双方的相互理解。然后,一轮沟通结束后,我们可以看看,已经达成了哪些共识,以及还有哪些问题有待进一步讨论。本着兼顾双方的态度,通过有效沟通,我们就可以循序渐进地凝聚共识。

小结

处理与他人的矛盾,我们要牢记爱的语言实现和谐的基本原则:待人以爱以敬。它的基本表现是,严于律己、宽以待人。如果我们常想着自己做不到位的地方,以及别人的难处,注意反省和提高自己,我们就可以更好地待人以爱以敬。

面对具体的矛盾,我们要有意识地运用原则来确立沟通目标。这样,我们就可以更好地调整状态以及有针对性地运用沟通技巧。

在处于强烈的情绪时,我们可能难以运用相关的沟通原则。这时,我们可以考虑请求他人的协助,或借助四要素体会自己,使自己变得理性、平和。然后,再运用原则来分析和解决问题。

运用沟通原则,除了要注意理解和关心自己,我们还要避免迁怒于人。在自己做不到位时,我们可能会因爱生怨,要留意这样的倾向,并防微杜渐。

运用沟通原则还有个关键是,转变对批评的态度。如果我们排斥批评,就会越来越软弱,同时,又容易满腹牢骚,甚至有时会在沉默中爆发。我们要能够坦然面对批评,善于利用批评来反省自己和理解他人,以及善于运用批评来帮助他人。

通过自我调整,许多矛盾可以得到解决。但在一些时候,我们需要通过凝聚共识来解决问题。凝聚共识包含以下四个要点:1) 澄清事实;2) 倾听和理解他人;3) 表达自己并寻求对方的理解;4) 考虑双方需要。

第八章。调解他人的矛盾

生活中，我们不时地需要帮助他人解决矛盾。掌握调解他人矛盾的基本方法，我们就可以更好地面对这方面的挑战，并给予我们的家人、朋友、同事乃至陌生人更有效的协助。

确立调解目标

在生活中，家人、亲友、同事或熟悉的人有时会找我们倾诉他们的痛苦。这个时候，我们就有机会帮助他们调解矛盾。和处理我们自己的矛盾一样，我们需要结合矛盾双方关系的性质来确定目标。例如，如果我们面对的是家庭矛盾，一般来说，我们就要考虑怎么做有利于倾诉者家庭的和谐。

下面是一个朋友调解她外甥女和大姑子的冲突的过程：

晚上7点多，外甥女突然在微信上向我求助，说跟她妈妈闹僵了。我赶紧打电话给她问情况。原来，她前晚加班回来，在地铁上遇到个不太正常的男人，她吓得逃之夭夭后发了朋友圈。她单位离家比较远，她的一个特别好的朋友就住在单位旁边，邀请她今晚下班可以住她家。早上出门前，她妈妈不在家，她得到爸爸允许后带着住宿确立调解目标，要考虑矛盾双方关系的性质。

的东西上班去了。下班后，她就去了朋友家，这会儿两人正准备吃晚饭呢。结果她妈妈不同意她住外面，让她立刻回家，两人争论了一番。

她妈妈威胁她，如果今天不回家，以后就别回家了，一个人住在她家的另一套房子里。我大姑子非常强势，换以前我肯定会说她：太不尊重孩子了，再不改改臭脾气，以后无法跟女儿交流。这次，我想起了阮老师说的要注意维护家庭的团结。于是，我就帮着外甥女理解她妈妈："你妈可能是担心你的安全。你这个朋友是女生吗？人怎么样？你们住的地方在哪里？是否安全？"我外甥女说："我这朋友是复旦大学毕业的，是特别上进、很有前途的一个人，住的小区就在单位旁边，非常安全。"我问她这会儿打算怎么办？她说："我妈不能把我当小孩管，我一点自由都没有，住在朋友家不是很正常吗？而且我爸早上也同意的，这会让我再回家，路上反而不安全。如果非这样，我只有跟她杠上了。迟早要闹翻的，不是现在就是以后。"我问她希望我做什么，是不是希望我跟她妈聊一聊。她说是。

然后，我打电话给我大姑子。我和她说："外甥女跟我说了，前面你们谈话有点不愉快。她不太理解为什么你不让她住朋友家，她觉得挺安全的。希望我跟你确认一下，你是出于什么样的考虑？如果是安全，她觉得那样更安全啊。"她回答说："不是因为这个事，还有别的事，这会儿不方便说话，8点半以后再说。"很不高兴地挂了电话。我告诉外甥女她妈妈的话，然后让她想想最近还有什么事。外甥女不解。这时，我想到她妈妈可能是担心那个朋友是个男性朋友。我就建议外甥女，拍张你们现在的照片给你妈妈看看，包括朋友和她家,让你妈安心。然后,建议她8点半以后再给妈妈打电话,好好说话,闹翻了对谁都不好。我又说,你妈妈就是关心你,不过你也不错,顾及你妈的感受,才想让我缓和一下。外甥女抱怨了一通她妈妈的沟通方式。我能理解她的心情,但我只是说,关于沟通方式,建议你等妈妈心平气和时跟她好好谈一谈。晚上9点,外甥女回我信息,说她发了照片给她妈看,也打了电话,说了好多好话,搞定了。

在这个例子中,孩子的妈妈似乎有点不讲理,但作为母亲,她的心情是可以理解的。可孩子处在她的年龄段,未必能够体谅母亲的心情,容易觉得自己得到了不合理的对待,甚至想通过反击来维护自己。一旦这样的小矛盾积累多了,母女之间就会有越来越多的隔阂,最后关系可能就会变得有点僵。亲人之间真的闹僵了,双方都会很痛苦。

调解的这位朋友虽然也是一位母亲,但心理上倾向于同情孩子,觉得孩子妈妈过于严厉了。调解矛盾时,为了促进双方的和谐,她有意克制了自己的情感偏向,既表达了对外甥女的理解,又避免说她妈妈有什么不对,以免加深外甥女的不满。同时,面对大姑子时,传话的时候,也注意把握分寸,没有传孩子的一些气话,以免加剧双方的矛盾。她居间协调,注意促进双方的相互谅解,对矛盾的顺利解决起到了积极作用。

在调解矛盾时,我们需要像这位朋友那样,根据双方的实际需要来确定调解目标,而不是照着自己情感的偏好选边站。

澄清事实,消除误会

误会和偏见会引发人与人之间的矛盾。调解他人的矛盾,我们需要

> 了解基本的事实，帮助矛盾双方澄清事实、消除误会。

注意了解基本的事实，并看看双方之间是否存在误会。如果发现矛盾的一方或双方存在误会，就可以通过澄清事实来帮助他们消除误会。

有个朋友是一个公司的部门主管，她曾帮助她的同事小金消除了对其他同事的误会。小金后来回忆说：

之前我怀孕休假时，小宋来到了我们部门，我没有和她相处过，但是好几个人提及她都颇有微词。这位新同事在我脑海中便留下了很不好的印象。后来，她去了省公司，因为工作需要，我与她常有往来。我找她处理事情，总觉得她做不好，爱拖拉，不靠谱。她有事情找我帮忙，我就觉得她在给我制造麻烦，立刻就会炸起来。有一次，她要一份合同模板，我内心不想配合她，就让她自己来拿合同。然后，我一直在办公室喋喋不休地抱怨她。正好给我们主管听到了，主管就单独询问了我对她的不满之处。我说，她以前在我们部门时，其他同事对她印象就不好。还有，她虽然是省公司的，可是业务不精，什么都不懂，爱给我们找事，添麻烦。

后来，主管提醒我，省公司要一份合同，请我们地市公司送过去是正常的配合流程。同时，她还给我讲了她们之间工作交流的几件事。主管说，对我们的工作，她都很配合。尤其是我们在地市做活动时，她在现场做支撑，很辛苦也很敬业。主管让我放下成见，再观察观察。我后来才觉察到，我在不了解她的情况下，一直用有色眼镜看她。我试着放下自己的偏见，慢慢发现她并不像别人口中那么差劲，那么难以沟通。接着，工作交流也都变得很顺利，在有些事情的看法上，我甚至还会与她产生共鸣。我之前微信和她沟通都很客套地叫她宋经理,现在会亲切地称呼她的名字。

这位朋友能够帮助她的同事消除误会,是因为她根据亲身经历对小宋有了自己的认识。在调解他人的矛盾时,我们也需要先了解基本的事实,然后帮助矛盾的一方或双方消除误会。

把握谈话的节奏

有时,矛盾的一方或双方处于强烈的情绪之中。这个时候,他们的观点往往是不客观的,但如果有人直接指出来的话,他们又很难听进去。遇到这样的情况,调解人需要注意把握谈话的节奏,让他们有一些处理自己情绪的空间。

有位老师谈到了她调解学生冲突的一次经历:

语文课上,我安排学生两人一组,一起翻译"古诗四首"。学生们都哇啦哇啦地说起来了。第一排靠教室门口的一个胖乎乎的男孩举手了:"老师,有人不守规矩!"

这个小男孩长得虎头虎脑的,脸蛋胖乎乎的,个子不高。虽然长得可爱,但是纪律上并不太好,有时会接下茬,有时会趁其他学生捣乱时推波助澜一下,而且还不积极领数学作业。有一次,我还看到数学课代表在黑板上用大字写着"请××自取数学作业",一问,原来是他老不自己拿作业,数学课代表烦他了。

> 把握谈话的节奏,让矛盾双方有处理情绪的空间。

我走到他面前,他指着后桌的一个女生说:"老师,她不守规矩!"原来是那个女生与旁边的另一个女生和男生结成了3人小组,一起翻译了,没和他一组。我就说:"哦,他们愿意三人一组。那你就自己一个人学,自己翻译吧。"胖男孩低下头看书了。我悄悄问那三人为什么不愿和他一组,他们说他老骂人,还扔他们的东西。我点点头,就到后面巡视了,以为这事情就过去了。

过了一会儿,后桌的那个女生举手了,我过去。小姑娘委屈地说:"老师,他(指那个胖男孩)扔我的笔袋。"我一看,地上好几支笔横七竖八的。我便招呼着她两个同伴和我一起把文具都捡起来给那个女孩。小姑娘挺懂事的,说:"谢谢老师。"我嘱咐她收好东西。

我走到胖男孩面前,他面有怒色。我拍拍他,轻声问道:"某某,你很生气是吗?"他的眼眶立即红了,眼泪涌在眼眶里。我又问:"你是不是很难过,觉得自己被孤立了?"他点点头,眼泪更多了。他趴在桌上,头埋在胳膊里,我拿了点手纸给他。我又对那三个孩子说:"××哭了。他不懂得怎么和别人相处,生气了也不知道怎么正确表达。他需要改进。咱们都是同学,希望你们能帮助他,给他进步的空间。老师会说他的。下次再有小组活动,你们愿意再给他一次机会,带上他一起学吗?老师这个不是命令啊。"三个孩子都点点头。

中午下课了,到了吃午饭的时间,我看胖男孩没拿午饭,就把他叫过来,问:"你还生气吗?"他的眼泪又出来了。我问:"那你打算怎么处理这事呢?"他说:"我要把××(指当时的另一个女孩子)的笔袋也扔掉。"我说:"你这么做,他们会更排斥你。老师劝你不要意气用事,气头上不要做决定。"男孩走了,我很担心下午会不会进一步激化

第八章 调解他人的矛盾

矛盾。中午我给他班主任打了电话，说了事情原委，班主任说放学后她会找这个孩子谈谈。

第二天上午，我先悄悄问了女孩子，昨天下午胖男孩有没有扔他们的东西或者骂他们，她说没有，我放心了。没想到语文课间，胖男孩还主动过来跟我说："老师，我和同学的矛盾解决了。"

在这件事中，我做得好的地方首先是没有立即批评胖男孩，而是先去关心和理解他的感受，同时指出了他的做法会给他带来的后果，这些帮助他平静下来、恢复理智。然后是帮助另外三个孩子去理解他，促进他们之间的关系。这些不仅为缓和矛盾创造了条件，而且还为后来他能听得进班主任的教育做了铺垫。

在调解冲突时，如果能够让当事人觉得自己得到了理解和关心，那么，他们就会更加重视我们的意见。所以，有时我们要注意把握谈话的节奏，给当事人表达和体会自己的空间，而不要急于要求他们接受我们的立场和观点。

帮助一方调整状态

在家人或朋友找我们倾诉时，我们往往是通过帮助他们调整状态来解决矛盾的。这个时候，我们可以考虑遵循以下步骤：1）帮助他们理解自己；2）帮助他们理解另一方；3）从严于律己、宽以待人的原则出发给他们建议。

爱，不只是和风细雨，还有善意的批评。

> 如果倾听合理化了自己的行为,那就更有理由生气了。

下面是一个朋友记录的她和婆婆的一次冲突:

今早婆婆问我:"梁勇昨晚用姜包了没?感觉如何?"我回答说:"我不知道呀,昨晚我和闺女睡的。"这时婆婆说道:"你看,让你告诉他,你不跟他说。"我嗓子一堵,没吭声。声音憋在了心里:"凭什么指责我没照顾好他,我已经放在他床边了,他又不是没看见。还要我怎样?"

遇到情绪有波动时,我有时会先倾听自己。我体会着自己的情感和愿望:我有些憋闷、生气,我希望婆婆想要梁勇做什么就直接交代梁勇,而不是让我转告。可是,这么做,我增加了对自己的理解,却对婆婆越发不满。这个时候,虽然也明白,婆婆这么说是因为她关心她儿子,但我心里就是不舒服。

我和阮老师吐槽这事后,阮老师讲道:"如果倾听合理化了自己的行为,那就更有理由生气了。在发生冲突时,还是要注意多反省自己。"阮老师的话给了我不一样的解决问题的思路。设身处地想想,婆婆的焦虑之情不难体谅,婆婆要求的事也不难做到。如果我把注意力放在自己能为家人做什么上,并且对家人多些体谅,我自然不容易生气。久而久之,好习惯也就养成了。

这位朋友长期从事沟通培训,面对这件事情,很容易就可以做到理解自己和婆婆的愿望。所以,我并不需要帮助她去理清这两点,而只是提醒她要多反省自己。在处理自己与他人的矛盾时,我们要牢记严于律己、宽以待人的原则;同样的,调解他人的矛盾时,我们要记得提醒他人运用这个原则。

协助对话，促成共识

在许多时候，通过帮助矛盾的一方或双方调整状态，相关的矛盾就可以得到解决。但有些时候，我们需要帮助矛盾的双方凝聚共识，使他们可以合作解决问题。

下面是一个朋友谈到他协调老师和他孩子（高二年级）的冲突的经历。

有一次开家长会，会后班主任私下和我沟通，说好像某科老师和孩子之间有些冲突，让我跟孩子以及老师沟通一下了解了解情况。听了这个消息，我有点紧张和担心，我知道孩子的性格有些倔强，怕她和老师对立起来，会影响她的学习和成长。周末，孩子回来。吃饭的时候，我先简单问了一下学校的情况。当说到某课的时候，她说老师总是针对她，而且老师布置的作业太多了等等。当我说班主任希望我能和那位老师聊聊时，她非常不愿意，觉得没什么大不了的，认为那位老师就喜欢把小事变大。她很生气，也不太愿意多说。

接下来的周一，我和那位老师用微信联系。约好见面的时间后，我认真想了想，如何才能通过沟通来有效处理这件事。首先，我明确了沟通的目标：帮助孩子的成长。为此，我需要先了解清楚究竟是什么情况。其次，我确定了沟通的原则和心态。我相信，老师也是为孩子好。和老师沟通，要始终保持对老师的尊重，要支持老师的工作。

最后,在沟通的方式上,我考虑先多听老师和孩子讲,然后再通过表达与老师和孩子达成一致,并促进他们之间的相互理解。

接下来,我按约好的时间与老师在办公室见面。老师很客气地让我坐下。她和我说,孩子的学习还不错,和同学的关系也不错,对于该科的学习潜力也很大等等,从正面给了我一些信心。然后,老师说到,孩子虽然聪明但是有时不配合老师的工作,所以会造成与老师的对立和冲突。我请老师具体说一下需要怎么配合她的工作。原来,孩子宿舍有几个同学的成绩不太好,老师希望孩子能带动另外几个同学学习。因此,老师会在课堂上特别关注孩子的表现,让她多回答问题,并且对她相对其他同学更严格。而这引起了孩子的抱怨和反感,觉得老师总针对她。

我听老师这样说,心里踏实了不少。原来不是孩子出了什么状况,而是老师希望孩子成为宿舍同学的标杆。我向老师表达了我听到的老师的愿望。老师很高兴地说:"是啊!我就觉得你孩子的领导能力挺强的,希望她可以起到桥梁作用。"后来,老师又谈到,孩子有一些不认真、不仔细的小习惯,如果可以改正的话,成绩会有比较大的提升。我说:"我也常发现孩子学习过程中有粗心和遗漏的问题。比如,她喜欢快速写完作业,有时写字挺潦草。我也希望从您这里了解一下,您说的不认真和不仔细的小习惯,具体有怎样的一些表现。这样,我就更清楚了,也方便我和孩子沟通,有利于她的改进。"老师想了一下,说:"比如,写试卷的时候,两道题中间有空白的地方,她总是喜欢写到边角上,而没有写在中间的位置。另外,她写题的时候会忽略中间的步骤,直接写出答案和结果。批改试卷是按照步骤给分的,你的步骤不写清楚,或者最后的结果由于疏忽错了,就很容易失去比较多的分数。另外,在课堂上的时候,她和同学有时会说话。当然完全不说话也不可能,但如果一节课她能保证20分钟在认真听讲,就很好了。"和老师沟通了一个多小时,老师说完,感觉她也觉得轻松一些了。于是,我说我会在周末的时候和孩子进行沟通,也会及时地把沟通的结果反馈给她。

周末我利用孩子回家的时间,和她进行了沟通,表达了我对老师说的话的理解,并且提了一些具体的建议。孩子听到了老师的愿望,感觉也没有那么抵触了,因为孩子也乐于帮助同学。她也说了她的想法和问题。比如,她觉得帮助同学没问题,但有些人可能很快就要转学出国了,心思就没在这里;还有,课堂上如果有同学不愿意学习找她讲话怎么办……耐心听她讲了一个多小时,孩子这边也有她的实际情况和顾虑,她表达完也感觉有些被理解。我说,可以一起想办法来解决她的实际问题,有必要的时候也可以请老师帮助一起解决。她说,她自己也可以尝试解决。

之后,我又用微信和老师进行了联系:"老师,我周末和孩子谈了谈,明确了她需要改进的地方:1) 上课保持专注,不和周围的同学讲话;2) 要勤于做练习题,并书写在问题空白处中间,且步骤完整、字迹清晰可辨认;3) 在宿舍几个同学中起到表率作用,通过做好自己带动大家一起学习,积极上进;4) 配合老师、尊重老师,碰到问题先反思自己的不足以及老师合理的要求,先做到,然后根据实际的困难积极请求老师的帮助和支持。老师,感谢您对孩子的信任和付出,也希望继续得到老师的监督管理和持续的鼓励、带领,希望这次期末考

> 协助对话、促成共识的前提是调解人能够倾听并准确地理解矛盾双方。

试她能够取得更好的成绩！"

后来，老师给我反馈，说孩子的表现有了明显的改进，月考进步很大，希望我多鼓励她。同时，我也发现孩子有了一些变化，心里踏实了很多，也很感激老师的关注和指导。

在这个案例中，这位朋友首先确立了沟通目标和沟通原则。他明确了要以尊重和支持老师的态度来处理冲突，这对解决矛盾是关键的一步。处理师生关系，我们要注意维护学生对老师的尊重。这样，学生才能够专心学，老师也才能够热心教。学生的态度往往会受自己父母的影响。如果父母能够尊重和支持老师，就有助于培养孩子尊重老师的态度，以及促进老师对孩子的关心和爱护。其次，他运用了有效的沟通方法。他提醒自己要多听，先准确地理解老师和孩子，再促成他们之间的理解与合作。这是这个矛盾得以顺利解决的另一个关键。协助对话、促成共识的前提是调解人能够倾听并准确地理解矛盾双方。

有时，我们需要促进矛盾双方的相互理解与合作。要做到这一点，我们就需要遵循相应的沟通原则和方法，与双方形成良好的互动。这样，我们才能够起到桥梁作用，帮助他们更好地互相理解并形成共识。

小结

调解他人的矛盾，我们要能够从双方的实际需要出发，来确立调解的目标。如果只是凭着自己的感情偏好选边站，就可能激化双方的矛盾。

我们还需要注意澄清事实。如果矛盾的一方或双方存在偏见或误会，就需要帮助他们认清事实，消除成见和误会。

有时，我们需要表明自己的立场和观点。如果矛盾的一方或双方处于强烈的情绪中，要注意把握谈话的节奏，可以考虑先帮助他们冷静下来，然后再表达自己。

在大多数时候，我们是通过帮助矛盾的一方调整状态来解决矛盾。我们可以考虑遵循以下三步骤：1) 帮助倾诉者理解自己；2) 帮助倾诉者理解对方；3) 从严于律己、宽以待人的原则出发提出建议。

然而，在另外一些时候，我们需要协助双方对话，并达成共识。这时，我们就需要分别与双方进行良好的交流并起到桥梁的作用。

第九章。角色扮演与冲突调解

上一章谈到,在调解矛盾时,帮助倾诉者调整状态的三步骤:1) 帮助他们理解自己;2) 帮助他们理解他人;3) 从严于律己、宽以待人的原则出发给予建议。本章将介绍,如何运用角色扮演来促进倾诉者对自己和他人的理解,然后再运用原则来解决矛盾。

一个成功的案例

我们先来看一个案例。这个案例中,赵女士在孩子教育的问题上遇到了困难,然后她自己又和孩子的老师发生了摩擦,在有点不知所措的时候,参加了我的工作坊。在工作坊中,经过多轮的角色扮演,以及后续的探讨,赵女士对自己和老师的态度都发生了明显的变化。工作坊后,赵女士主动联系了老师,与老师的关系有了明显的改善,孩子的情况也有了明显的改善。下面的内容共分为七个部分。其中,前两部分是帮助她理解自己的情感和愿望,第三、四部分是帮助她理解老师的情感和愿望,第五部分是帮助她启动对话,最后两部分是她参加工作坊后的反馈。

1

第一轮角色扮演:赵女士倾诉,我扮演她的朋友。

【说明　角色扮演的第一步:我扮演她的朋友。她把我当朋友,就

| 第一轮：为了帮助倾诉者体会自己，调解人作为朋友倾听倾诉者。
| 倾听时，表达自己的理解，可以给予倾诉者确认或澄清的机会。

容易放松地表达自己。这样的话，一方面，我可以了解她的情况；另一方面，我可以通过反馈她语言中所包含的情感和愿望，帮助她体会自己。】

赵："阮老师，我最近碰到点事，我跟儿子的数学老师沟通出现了一点障碍。情况是这样，我家孩子比较淘，在课堂上，我儿子去招惹旁边的小朋友，老师批评旁边的小朋友，不批评我家儿子。如果他不招惹别人，在课堂上走啊，说话啊，她就当没看见。我去跟老师沟通，说如果我孩子在课堂上扰乱了课堂纪律就批评他，该怎么处理就怎么处理。老师说：'你家孩子，就喜欢学语文，就喜欢语文老师，我的话是不听的。'

我不知道怎么继续交流，回去后还是有点担心，担心老师放弃我家儿子，就把这个过程写了放到QQ空间上。不小心给老师看到了，她很激动地打电话给我说：'反正你自己会教育的哦，你说我不管你家儿子了，那从现在开始我就不管了。'

我听完，当时不知所措，没想起来，后来才发现是那篇QQ空间的感想。当时也挺自责的，我极力想帮助孩子，结果发了这个感想后，完了，我儿子的日子会更难过了。他日子难过，那我的日子也会更难过。我很紧张，当晚失眠了。怎么办？当天晚上我就给老师发了信息：我真的非常非常抱歉，没想到写的这个东西，给你造成了伤害，我也知道我家孩子很淘，这两年你也付出很多。老师没有理我。

第二天，我再次真诚地发了一条信息，老师还是不理我。然后，我去接孩子，在校门口，老远看到她了，热情地走上前，想当面沟通。老师本来面向我的，看到我走过去，她就转了过去跟旁边的同事讲话。我在旁边等，结果她讲完直接就走回办公室，没有理我。我感觉老师对这件事没有释怀。

我因为这个事焦虑了好几个月,感到无解。然后,跟班主任也沟通了,班主任说没关系,慢慢来。这事发生在上学期。中秋等节日我也给老师发了信息,把我对她的感激写了一下,她始终没有回应。现在就是这种状况。

上个礼拜还发生件事,有个妈妈告诉我,因为我儿子招惹她儿子,结果她儿子被拉到讲台上站了一节课。这样对别的小朋友不公平,小朋友妈妈就会来找我,我会觉得很愧疚,就更加有压力了。"

阮:"就是你已经很久没有睡好了,想到这事,白天也好晚上也好,就焦虑、自责。可能现在想到你孩子,你也挺无奈的。所以,你现在主要是想,怎么样跟老师修复关系,得到老师的一些理解,最好老师愿意见到你这个家长,愿意跟你好好说说话。"

【点评 试着表达自己的理解,给予赵女士确认或澄清的机会。】

赵:"这个倒没关系,老师不愿意见我也没关系,她对那件事能释怀,不觉得我是有意伤害她,能够公平地对待我孩子,跟对别的孩子一样就好了。"

阮:"你希望这个事情曾经有什么不愉快呢,赶快过去,然后希望老师在班级里面像对别的孩子一样,平等地对待你的孩子。这样,你就会感觉到孩子在学校里得到了接纳。你希望通过各种方法,让老师转变对待孩子的态度,让自己吃饭啊睡觉啊能够安心。所以,你现在非常希望通过上课或者其他方式得到一些启发。"

赵:"是的。"

【点评 通过第一轮的倾听,赵女士的愿望得到初步的理解。】

第二轮：为了帮助倾诉者更好地表达和理解自己，调解人扮演另一方倾听倾诉者。

2

第二轮角色扮演：赵女士叙述，我扮演她孩子的数学老师。

【说明　角色扮演的第二步：我扮演她孩子的老师。这个阶段，我会鼓励她表达自己的真情实感。这样，我就可以进一步了解她的情况，同时也帮助她深入地体会自己。】

阮："第二步，我扮演老师。我希望这个时候，你不要客气。这个时候，要能够想象面对这个老师，有什么话，有什么情绪。想想你有多难啊，对她有那么多情绪，还要对她笑。有什么委屈不要往肚子里去。我并不认为老师有什么错，但你现在认为老师有错，要允许自己表达自己，允许自己在说话的时候把情绪带出来。现在，你看看现场谁像那位老师呢？"

【点评　既鼓励赵女士表达，又不选边站。】

赵："老师平时还是蛮温柔的，短头发，瘦瘦的，外形有点像小林。"

阮："好，那你现在看着小林，看到这个老师，想到这个老师的形象，你现在是什么样的心情？她一般是什么样的表情？"

赵："嗯，表情不太丰富，不怎么笑，比较严肃，说话声音柔柔的，感觉身体不是很好的样子。"

阮："让我们闭上眼睛，静坐一下，让我们俩放松一下，重新开始。"

阮（开始扮演老师）："我真的很希望了解你的委屈，让我们彼此释然。你也知道，跟学生家长的矛盾，会带给我们多大压力。对我来说，这是很不容易的事情。你知道我身体不太好，这对我来说也是很大的一种压力。我也想听一听，你心里有什么气可以告诉我。我不会当成对我的指责,我主要想了解下,你经历了什么,对我有什么期待。

回头我也会做交流。希望我们能彼此释然,在教育孩子的事情上,就像你所期待的,我们一起努力。反正孩子也在我班上,我每天都需要面对他。重要的是,允许你表达你自己。让你自己能过去,这样也会帮助我过去。我不会当成对我的指责,你有什么话,都说出来。"

【点评　进一步鼓励赵女士表达,让她知道,想办法让这个事情过去对双方都好。】

赵:"老师,其实我很想跟你沟通交流。我儿子比较淘,自我控制能力比较弱,但是他现在有了进步,也很希望被老师看到。我真的是很希望你能够公平地对待他,别把他当成一个特殊的孩子……(哭)"

阮(扮演老师):"你很伤心,是吧?想到过去我对待这个孩子的方式,你非常伤心。不用急着说话,你可以静一静。等你准备好了再接着说。"

【点评　和第一轮角色扮演时一样,试着表达自己的理解,给予赵女士确认或澄清的机会。同时,在赵女士有强烈情绪时,给她时间照顾自己。】

赵:"陈老师,昨天听明明的妈妈说,我家儿子去招惹她家孩子,结果你让她家孩子在讲台前站一节课,没有处理我家儿子。这样对她家孩子是不公平的,对我家孩子也是不公平的。他没有承担他应该承担的责任。我希望以后在你的课上,如果我家儿子先犯错误,按你的方式,该怎么惩罚就怎么惩罚。"

阮(扮演老师):"谢谢你让我知道,在这个问题的处理上,你对我的意见。还有其他什么事情你会特别在意?我想有几件事可能对你

在倾诉者有强烈的情绪时,给倾诉者时间照顾自己。

触动比较大。"

【点评 进一步鼓励她表达自己,让她能够把心里话说出来。这既帮助她抒发自己的情绪,同时也帮助她得到进一步的理解。】

赵:"其实最大的事就是上学期那件事,我也试着跟你沟通了很多次。当时,我觉得你有点放弃我家儿子了,我特别地担心和焦虑。你也知道,做妈妈的都希望自己的孩子得到老师的关心。当你说,你管不了我家儿子的时候,我真的很害怕,就发了一点感想,但从内心来说,我真的没有要伤害你的意思。如果对你造成了伤害,那我真的是很抱歉。

我希望你不要因为这件事对我家孩子有什么成见。因为我自己也是做老师的,相信每个老师都希望自己的学生好。我最大的愿望就是希望老师对我家儿子像对其他的孩子一样。当他出错了也批评他,做得好的地方也能看见他。而不是让他觉得他是个多余的孩子。

我们现在也在努力改进,尽量在家里给他一些支持,让他知道必须遵守一些规则。但我现在获得的信息是,你的规则只针对班上其他的孩子。所以我很担心,他以后怎么办。"

阮(扮演老师):"班上出了事情,我没有批评他而批评其他孩子,处理他和处理其他孩子不同,想到我这样做,你非常地害怕。这孩子你也是非常操心,也很不容易,很辛苦。现在好不容易有一点成果,你希望我们一起来呵护。"

赵:"……(哭)"

【点评 看来说出了赵女士的心里话了!】

阮(扮演老师):"有些细节,你现在想起来都是很难受的。你已经尽力了。"

赵:"老师,我也希望你能看到我儿子的进步,现在他跟同龄孩子比起来进步要小一些,但和他自己比起来已经有了很大的进步。特别特别需要老师看见他,看到他的存在。"

阮(扮演老师):"你想让我看到他的进步,看到你在努力,他也在努力。希望我对他多一点信心,我们一起对孩子多一点信心,创造一个环境来呵护他、包容他。"

赵:"是,至少公平地对他。"

阮(扮演老师):"尽量让他在学校觉得他跟别人是一样的。这样也有助于他接纳他自己。"

赵:"我儿子比别人更需要关注,如果你看不到他,他会做出更出格的事让你看到他。越不看到他,他越捣乱。"

阮(扮演老师):"所以,这段时间,你希望我做些反省和调整,让事情向着良性的方向发展。"

赵:"是。"

阮(扮演老师):"所以你希望我再多一点信心,再多做一点努力。"

赵:"是的。"

阮(扮演老师):"你觉得我理解你了吗?我再重复一遍。过去你吃了很多苦,现在看到孩子有很大的进步,你对自己和对他都很肯定。你希望我看到孩子的进步,对他多一些信心,做一些调整,让事情向着良性的方向发展。这不仅对孩子,对我和其他人都是很重要的。只要我公平地对待他,孩子在学校就得到了你想要的支持。"

赵:"是。"

阮(扮演老师):"我很感激你跟我说这些,帮助我理解了你这段时间的坚持,你的不安。说这些比说前面的故事,让我更能理解你,体谅你。你让我看到,你作为一个母亲的痛,你的不容易,以及你需要得到照顾的地方。这会有助于我们之间关系的缓和。"

【点评　这是我猜赵女士所期待的老师的反应:老师能够对她有更多的理解和体谅。】

阮(做回自己):"你现在分享一下,在这个过程中,即使我是虚拟的老师,你有一个这样的表达机会,你整个过程有什么样的变化?"

赵:"刚开始说的时候很害怕,不知道这个话对老师说了会有什么反应,挺担心的。前面跟老师说话非常小心,生怕触动老师的情绪按钮。我开始的时候手很紧,然后说着说着手就舒展开了。本来心里觉得很堵,现在也轻松了下来。"

【点评　通过表达自己并得到理解,赵女士变得释然些了。】

阮(对现场的学员说):"这个模拟本身是有价值的。我扮演老师,可以让她的内在状态出来。"

阮(继续扮演老师):"你现在还想骂我吗?"

赵:"我本来也没有想骂你。"

阮(扮演老师):"嗯,你一直想让我知道,你本来无意冒犯我,你只是很无奈。"

赵:"我本身对老师也没有那些指责。"

阮(做回自己):"即使你有一些看法,这也不是重点。重要的是,你想看到你想要的变化:老师保持对孩子的信心,对你们的体谅,以及她行为的调整。这是你要的。"

赵:"是的。"

【点评　通过这一轮的倾听,赵女士的心声得到了更深的理解。】

3

第三轮倾听:赵女士扮演老师,我扮演赵女士。

【说明 这一轮让赵女士扮演老师,一方面是让赵女士熟悉老师,另一方面,通过前面的陪伴,赵女士已经变得放松,可以试着换位思考了。这个时候,她扮演老师,我扮演她来体会老师,可以帮助她理解老师。】

阮:"下面让我们安静几十秒,做个角色切换,你扮演老师,我扮演你。"

阮:"好了,我现在是孩子妈妈,对你有很多看法。你现在是陈老师,你对我有什么话要说吗?"

赵(开始扮演老师):"天天妈妈,你反正是会教育的。你家孩子反正很聪明,课堂不听考试也会考的。反正我现在也管不了他。他比较喜欢语文丁老师,现在有什么,我都让丁老师来管。他有多喜欢语文啊,整天看书,下课也看,有时在我的数学课上也看。我是没办法了,反正也没关系,你们自己会教育。"

阮(开始扮演赵):"想到我家孩子,你好像很无奈,很苦恼。"

【点评 表达理解。】

赵(扮演老师):"反正管他,他也不听的。"

阮(扮演赵):"你很受挫折,很堵心吧,想着就来气。你希望我们家长能理解你的无奈、堵心和挫败感。你想到这个孩子,就恨不得一脚把他踢出去。这样你可以轻松一点。作为老师,你很希望在一个班级里面,得到学生的接纳和喜欢,希望你辛辛苦苦备的课能顺利地实施,多一点轻松,多一点成就。"

【点评 帮助赵女士换位思考,看到老师的愿望。】

赵(扮演老师):"是的。反正你们家孩子也不喜欢数学,喜欢语

角色扮演，让我们更好地理解自己和他人。

第三轮：为了帮助倾诉者换位思考，调解人扮演倾诉者，倾听倾诉者扮演的另一方。

文,丁老师的话是会听的啦。我的话,他反正从来也不听。我拿他也没有办法。"

阮(扮演赵)："所以,我跟你提的这些,你想让我知道,你不是不想做什么,你真的是无奈。真的是做不了什么。"

赵(扮演老师)："是的。"

阮(扮演赵)："那你能不能像批评其他孩子一样批评他呢?"

赵(扮演老师)："说他,他还发脾气,我反正是管不了。"

阮(扮演赵)："所以,你非常希望,在管理学生时,学生能够尊重你。要不,你更有挫折感,更丢面子。尤其是有很多孩子在那里,你希望你得到的回应是你所想要的,能体会到大家的接纳和尊重。"

赵(扮演老师)："是的。"

【点评　这个过程帮助赵女士理解老师面临的困难。】

4

三轮角色扮演后的对话:进一步帮助赵女士体会老师。

【说明　接着做正面的探讨,目的仍然是帮助赵女士进一步理解老师的处境。】

阮："你试着去体会这个老师,批评、指责的背后,她是什么感觉?"

赵："很无力,很无助。还有一点点小失落。孩子很听语文老师的话,不听她的话。"

阮："这个老师其实有很多的困难。她说他,他总不听,如果其他学生都效仿他怎么办? 在一个教室里面,她得不到接纳和尊重,对她来说本身是很挫败的,也担心对其他学生有影响。她有些不知所措。"

阮："我们可以就这部分做一些探讨。如果我是这个老师,我为什么没有批评孩子?我没有放弃孩子,我没有办法放弃他,没法当他不存在。但是,有些方法我不想用。比如直接去批评他,后面引发的挫败感可能不是我想要的。所以,我现在想到了一个办法,就是通过同学的压力。我批评其他人,其他人会对他有意见。或者,我管别人不管他,他会觉得很孤立。我觉得直接批评他这种压力对他来说不管用。我是通过其他方法在管理他。我要管理我的课堂。放弃他不现实。我只是在尽我最大的努力而已。只是没想到更好的办法。老师也是压力很大的。你们两个都很辛苦。你们应该携手合作。"

【点评　我试着站在陈老师的角度考虑问题,帮助赵女士拓宽一下思路,看看是否可以进一步看到陈老师的行为有合乎情理的一面。】

赵："是的,这个我也能理解。跟她聊了几次,每次没聊两句,她就说到反正他喜欢丁老师。实际上她也很渴望我们家孩子能喜欢他。"

阮："你想想,她渴望的后面是什么呢?如果孩子喜欢她,听她的,她不是一切烦恼都没有了吗?她干吗要跟你过不去?她只是希望作为一个人容易一点、轻松一点;作为一个老师,教学顺利一点。目前这种情况,作为一个老师,她已经尽力了。你在QQ空间写老师放弃你儿子,让所有人都看到,她听到这话会特别恼火。她费尽心思,她很在意别人对她的肯定。相信她是个很努力的人,希望得到一些欣赏。"

【点评　继续试着做推测。】

阮："她为什么不想见你?这个不难理解。她想到你就有压力,想到你就听到批评了。你冒头的那几句话,我就听到批评了。你虽然无意冒犯她,但你觉得她不应该这样。"

> 在倾诉者较好地理解自己和他人后,
> 为倾诉者提供解决问题的建议。

赵:"我现在也有点内疚。"

阮:"你们之间有一种排斥、对立。"

赵:"我也很想逃。"

阮:"前面做了三轮角色扮演。你现在再想起老师什么感觉?"

赵:"老师很不容易,很挫败,很无力,很累。"

阮:"这些你过去没有太能体会到。"

赵:"过去是在道理上明白,但没有像现在感触这么深。"

【点评 这从另一个角度体现了前面几个步骤的意义。有时,我们道理上明白,但情感上过不去。经过前面几个步骤,赵女士能够静下来,对陈老师的处境有一种切身的体会,心里也变得柔和了。】

阮:"你们能够放松点,对孩子是有帮助的。"

阮:"现在我是老师,你做回你自己。你想对老师说点什么?"

赵:"陈老师,我们家的孩子特别淘,这两年多来,给你添了不少麻烦。我之前对你说的话,现在看来是要求。你真的已经很不容易了。对我们家孩子特别费心,你没有把他踢出去,已经非常感谢了……"

阮(扮演老师):"你现在是不是想起我,心里就柔和了很多,觉得我没有那么面目可憎了?"

赵:"没那么害怕去面对老师了。"

【点评 心里变得柔和,人也从容了。】

5

启动对话:给老师写信。

【说明 虽然赵女士内心变得柔和了,但从陈老师的角度应该还有许多不愉快的感受,很可能还处于困难之中。如果赵女士可以表达出对老师的理解和体谅,以及自己的歉意,将会缓解老师的压力,使双方的关系变得轻松些。这对所有人都很重要!以下内容是我建议赵女士给老师发的信息。】

陈老师:

最近,我对自己过去的行为有了进一步的反思。我意识到自己过去由于卷入自己的情绪中,并没有能够较好地体会到您——您的努力,您希望能够有个轻松、愉快的教学环境,以及得到家长的理解和支持。

【点评 在双方发生冲突的情况下,先表达善意的理解,有助于对方静下来体会我们现在的状态。】

同时,我也体会到自己是多么害怕,多么希望自己的孩子能够顺利完成学业,能够得到集体和老师的包容和接纳。也许,正是由于自身的紧张,在言行上对其他人有了许多要求。想到这里,我心里是挺难过的。

【点评 接着,寻求老师的谅解。】

我现在已经放松了许多,我知道这不仅对我自己好,也有助于我真正帮到孩子,以及更好地体会他人。

深深的歉意。

【点评 表达歉意有助于培育信任。】

天天妈妈

6

后续的情况1——赵女士的反馈一:

在阮老师指导下,跟老师再次发信息联系了,尽管老师依然没回

启动对话：先表达善意的理解，然后寻求谅解。

复，但接孩子时碰到几次，明显感觉她态度缓和了。而且最关键的是，近期我关注自己更多，对孩子平和了很多，孩子在校的表现也好了很多，尤其在数学课上调皮捣蛋的频率低了很多。

我在想，放下自己就是放下别人，自己轻松了，周围人也会轻松吧！在工作坊中，老师给我的启示让我从自责中走出来，轻松地看待这件事，尽人事，听天命。不再自责，不再一定要跟老师怎么样。结果我发现也没什么大不了，一切都在向好的方面转变。喜悦！

【点评　赵女士转变的不只是对老师的态度，还有对自己的态度。她从自责中走出来，变得放松，也变得容易相处。】

7

后续的情况 2——赵女士一年多后的反馈：

因朋友介绍曾读过《非暴力沟通》，感觉不错，却应用不来。偶然的机会，抱着试试看的态度，我参加了阮老师的工作坊。

那时正为孩子的课堂表现焦虑，更为一次 QQ 空间的发言被老师误解而纠结，既想跟老师沟通，又怕老师误会更深。在这样的纠结中，又慢慢有些对老师的怨，也有对自己的自责，没事儿乱写什么啊！就是在这样的际遇下，我抱着试试看的心态走进了阮老师的工作坊。

没想到阮老师听说我的故事后，竟然用我的故事做了专门案例。在阮老师的特别倾听下，当时我的纠结就释怀了很多。

工作坊结束后，阮老师又多次倾听并指导我化解纠结。虽说我一直都没有跟老师正面沟通这件事，但通过角色扮演，我从心里放下了对老师的怨、对自己的自责，并看到了老师的不容易和自己的不容

第九章　角色扮演与冲突调解

易,而且看到了整个事情背后的爱——老师和我都爱孩子,都希望孩子好。

因为放下,我放松了,释然了。老师对孩子也好了,我们见面时也轻松自在了。孩子在课堂上的状态也越来越好了,原本不做的作业也能按时积极完成了。

虽说那次工作坊已经过去很久了,但我依然感恩朋友带我走进阮老师的工作坊,依然感恩自己的那次选择,感恩阮老师的无条件接纳和倾听,感恩一同学习的伙伴们的鼓励和支持。每每想起,都是满满的喜悦与感动!

【总评 在本案例中,赵女士先是通过前两轮的角色扮演,既抒发了自己,又得到了理解,把注意力放在了自己的需要和目标上。然后,通过进一步的角色扮演和对话,她更好地理解和体谅了对方。这样,她在内心对自己和他人都变得柔和,从而能够从容地去解决冲突。

在调解这个矛盾时,我首先确立了沟通目标:促进家长和老师的和解。然后,通过角色扮演等方式帮助家长调整状态。这并不是说,老师的表现是完美的,没有任何需要提高的地方。而是因为,请求我帮助的是家长,所以,我重点帮助她反省自己的不足以及多体谅老师。反过来,如果请求我帮助的是老师,我也会重点帮助她反省自己的不足,以及多体谅家长。也就是说,不论面对的是家长还是老师,我都遵循同样的方法和原则:帮助他们理解自己和他人,然后以严于律己、宽以待人的态度来解决问题。】

通常只有在自己得到充分的陪伴和理解后，倾诉者才可以静下来关心另一方。

角色扮演的要点

在上个例子中，我们用到了三轮的角色扮演。假定 A 是倾诉者，B 是调解人，C 是矛盾的另一方，那么，这三轮角色扮演分别是：

第一轮，B 以朋友的身份倾听 A；

第二轮，B 扮演 C 倾听 A；

第三轮，让 A 扮演 C，B 扮演 A 来倾听 A 扮演的 C。

第一轮，实际上是我们日常生活中经常做的事情。家人或朋友来找我们倾诉，这个时候，我们可以运用倾听的技巧来陪伴他们。在工作坊中，调解人扮演 A 的朋友是为了给 A 创造宽松的氛围来表达自己。

第二轮，我们平时一般不会这么做。这么做的意义在于，这为倾诉者进一步梳理自己的情绪创造了条件。有时，倾诉者很想说一些话，但在实际生活中却不好表达。这样，许多意见就憋在心里，到最后可能连自己究竟有什么意见都搞不清楚了。所以，创造这样一个条件，让倾诉者痛快地说出来，一来可以抒发一下自己，二来可以更好地理解自己究竟想要什么。在第二轮时，倾诉者是重新开启一个新的对话，和扮演 C 的调解人聊，而不是在第一轮的基础上继续聊。这样，有助于倾诉者尽情地表达自己。

第三轮，倾诉者扮演 C，这个时候，倾诉者要假定 C 接下来可以放开聊。这样，扮演倾诉者的调解人才可以更好地理解 C 的状态，并通过反馈来帮助倾诉者理解 C。通常，倾诉者只有在自己得到充分的陪伴和理解后，才可以静下来关心 C 的情感和愿望。所以，在开始第三轮前，我们要看倾诉者是否在状态。

此外,在扮演不同的角色时,调解人要注意运用倾听的技巧。有什么建议,可以等倾诉者较好地理解自己和他人后,再从严于律己、宽以待人的原则出发来提。

总的来说,角色扮演是帮助倾诉者更好地理解自己和他人。我们可以视情况有选择地运用以上三种角色扮演。

小结

有时,来寻求我们帮助的家人或朋友处于强烈的情绪中,难以理智地思考和处理事情。这个时候,我们可以考虑运用角色扮演来帮助他们表达自己,以及更深入地体会自己的情感和愿望。接着,如果他们有意换位思考,我们还可以邀请他们通过角色扮演来体会他人。然后,等他们变得较为平和、客观,我们就可以和他们一起探讨如何具体解决矛盾。

第十章。回归文化的根

爱的语言的沟通原则基于传统的爱敬之道。本章将探讨,实践这些沟通原则需要注意的若干问题,以及它们对我们改善人际关系的特别意义。

要循序渐进

运用爱的语言的沟通原则,不仅需要思想和感情的基础,而且还要养成相应的行为习惯,这些都需要一个过程。我们需要循序渐进,先理解相关的原则,然后耐心地培养新的心态和行为习惯。

首先,我们要准确地理解相关的原则。这个过程可以分为两个部分:一是,观念的学习;二是,在实践中加深认识。例如,有个朋友曾经很反感别人的批评,认为这是暴力。参加爱的语言工作坊后,她的这一观念有了改变。她讲道:"面对他人的批评和指责时,去反思自己是不是有做得不足或需要提升的地方,也去看看别人这样做有没有他的合理性,这样的思维不但对平复自己的情绪有帮助,而且也能更好地促进我们对他人的理解。"然后,在实践中,她又强化了这个认知。她谈到自己的一次经历:

记得有一次,因为学校班车更改路线的事情,有一位同事说:"为

> 只有切实体会到一个原则的妙处，它才能真正为我们所用。

什么我们的站点啥好处也没有，仍然 6:50 上车呀，你这是怎么搞的呀?!"我听了内心很不爽，心想："这关我什么事啊，我不是校办主任也不是校长，这不是我力所能及的。你可以的话，你自己去争取啊，指责我干什么呀!"后来，在线下读书会做练习时，我试着反思自己的不足和理解同事。我想到，自己当初对推迟本站点上车的时间，一副信心十足、志在必得的样子，给了同事很大的期待。但是，事情没搞定，同事心里也就有落差了。想到这里，我心里一下子就平和了。

运用爱的语言的沟通原则，我们既需要学习具体的观念，又需要在实践中加深认识。只有切实体会到一个原则的妙处，它才能真正为我们所用。

其次，我们要认识到心态的转变常常需要一个过程。在第二章中，我们谈到有一位女士和父亲关系的转变。她原来急于离开自己的家庭。后来，她明白了自己为什么要急着离开家庭，这让她淡定了许多。接着，她又看到了父亲和她一样，也有自己软弱的一面，这让她多了许多对父亲的关心。慢慢地，她又从父亲那里看到一些自己所欣赏的品质。最后，她终于实现了与父亲比较亲密的关系。这位女士对父亲态度的转变经历了一个较长的过程。如果她一开始就使劲地逼自己要怎么样，应该也是无济于事的。这实际上是生活的常态：当我们与别人有积怨的时候，往往需要时间来转变自己的心态。

最后，我们需要耐心地培养新的习惯。有位朋友谈到了自己与母亲相处的困难和改善关系的心得：

十年前，我提起母亲，总不自觉地冒出许多对母亲的不满，甚至还有"仇恨"的感觉。那时,每当我看见周边的朋友、同事和她们的母亲亲亲热热,内心就格外羡慕。这种复杂的感受导致我很抵触看关于孝敬父母的文章,那会让我莫名其妙地发火,以摆脱文章引发的压迫感和罪恶感。但我又真的很希望自己和母亲的关系能有所改善,真的盼望有一天自己能亲切地坐在母亲身旁,为母亲做一个女儿该做的事情。尤其是随着母亲年龄的增长,我越来越担心母亲随时可能离去,也就越渴望能够亲近母亲。

有一次,母亲住院,我在医院里陪护。母亲坐在床上和我聊起家事,说这个舅舅不孝顺,那个舅舅没人情味。我一下子感到极大的不耐烦,一股火升起来。我对她说:"妈,刚才你说的老家的事,我已经听了几十遍。我不喜欢听这些话,你别说了。"母亲很受挫,沉默了一会儿,接着说:"你妈没见过世面,说别的也不会。你就不能原谅我,听我说说这些吗?"我生硬地回复:"不能!我不乐意听。"于是,母亲再没说话。她默默地抿着嘴,眼圈红红的。每当我回想起这件事时,我的心是那样痛!这件事后,我陷入更深的愧疚之中。

我以为自己需要更多的理解和陪伴,但得到各种倾听后依然愧疚。直到阮老师说:"念着一份情,你就不忍心责备爱护你的人。你想怎样对待一个曾帮助你、又给你带来麻烦的人?"我意识到,在我和母亲的关系中,最令我痛苦的不是过去的一些不愉快的经历,而是我想孝,但我做不到!这才是我最大的痛。我做不到是因为我已经养成了一些坏习惯。特别是,我过于在意自己的感受,一有什么不顺,就顾不上母亲的感受了。而各种倾听就像是为自己找一些心安的理由,为自己开脱。这无法真正解决我的问题。我必须面对和改正自己的坏习惯。

运用爱的语言的沟通原则，我们还要注意权衡取舍。

最近这段时间，我心里踏实了很多。每天中午在单位忙完后，我都回到父母家午休。偶尔有事回不去，也赶紧打电话告诉母亲，以免她担心。尽管有时也还会言语不敬，但每次都鼓励自己下次要做得更好一些。这些细小的变化，让我和父母的心越贴越近。我想成为一个关心父母冷暖的孩子。这是我内心真正想要做到的，而且我知道这需要时间。

在与母亲互动的过程中，这位女士意识到了，她需要培养新的习惯。这使她更有耐心地面对自己的不足。如果急于求成，就会容易泄气，最后还是会陷入进退两难的困境之中。

总的来说，运用爱的语言的沟通原则，我们需要循序渐进：先明理，然后耐心地培养起新的心态与习惯。

注意权衡取舍

运用爱的语言的沟通原则，我们还要注意权衡取舍。比如说，在工作需要和家庭需要发生冲突时，我们要能够分清轻重缓急。如果总是想要追求面面俱到，就容易把自己搞得太累，最后甚至还会想放弃原则和责任。

有个朋友讲到她和父母的一个小冲突：

今天，80岁的父母启程去外地的姐姐家过冬。上一次父母出远门还是三年前。他们一出门就容易紧张不安，所以平时就连自己女儿们的家都不愿去。这次去南方姐姐家过冬,也是我和姐姐想了很多办法才让他们同意的。这次出门前一周,老人按照惯例就开始紧张不安。昨晚,在家庭群里商量今天早上几点送他们去机场。我说:"下午1点的飞机,30分钟的车程,可以11点出发的。"老爸听后,立刻提高嗓门说:"那怎么行?太晚了,10点半必须出发!"我听了后,脑子第一反应就是:"又来了!每次都这样,屁大点事,虚得要死!我这么大的人,难道不知道怎么合理安排时间吗?"这时候,我感觉一股气顶上来了。

身体上的反应让我意识到自己在情绪之中,而在情绪之中做出回应是不明智的。这时,心里的另一个小人就出来说:"知道爸妈担心的是什么吗?可能是担心路况或其他因素影响时间。他们曾经说过老人出门反应和行动都会慢些,所以会想早点去安顿下来。他们想要感到踏实!这是他们的需要!而我的需要是什么?是证明我意见的正确性?还是让爸妈踏踏实实地安全、准时抵达?答案当然是后者,不就提前30分钟嘛!不是什么大事……"想到这里,我慢慢平静下来,在群里发了一句话:"好,听你的!明天我请假送你们去!"父母很开心,却又担心影响我工作,让我别去。我说:"我会安排好工作,放心吧,我去送,我们彼此都踏实!"

这位朋友最初想要11:00出发,但她父亲希望10:30出发。这个时候,她意识到自己有强烈的情绪,就静下来体会自己和父母的态度背后的需要。然后,她发现,让父母感到踏实更为重要。于是,她也就调整了自己的态度。

在沟通中,如果我们总是想要追求面面俱到,就会过于逼迫自己,同

| 面对不同的需要,在不能够兼顾时,就要善加抉择。
| 爱的语言的沟通原则源于我们优秀的传统文化。

时也容易怨别人。面对不同的需要,如果能够兼顾,当然很好。在不能够兼顾时,就要善加抉择。

实现更深的和谐

爱的语言的沟通原则源于我们优秀的传统文化。学习和运用这些原则,对我们理解和尊重自己的长辈具有独特的作用。

有个朋友谈到他和父亲关系的几次变化。他回忆说:

在上大学以前,我和父亲的关系还是比较融洽的。但谁能想到,在我刚刚上了大学后没过几个月,我们的关系就急剧恶化。1988年的大学宿舍中,四处回响着"我是一匹来自北方的狼""大约在冬季",同学们的书架上是叔本华、梭罗、弗洛姆,我一下子接触到自己过去从未关注过的许多思想。我陷入了对人生意义的混乱思索中。那时,与家人完全靠写信交流,我在一封信中向父亲表达了我的困扰:"人生可以有那么多道路供选择,每条道路都有各自的魅力。但只要你选择了其中一个,就没有机会再体验其他的人生,实在是非常遗憾……"父亲来信教训我说:"怎么会有这样荒唐的想法!你的意思是,一个人若选择做了好人,就没有机会做坏人了,所以遗憾?!你不珍惜大好的学习机会,浪费时间想这些乱七八糟的事情……"我读了回信后很憋屈,心中对父亲满满的怨气。我们的书信交流也就此彻底中断了。

我后来的人生选择越来越偏离父亲对我的期待。在接下来的一二十年里,我们的关系常年保持着一种紧张感。我也进行了一些自我反省,甚至试图通过向父亲道歉来缓和关系。但在做一些重大的人生选择时,我又不能满足父亲的期待,结果是父亲对我更加失望和生气。关系最恶劣时,父亲根本不愿意见到我,拒绝我去看他们。我也同样怕见父亲。虽然住得很近,但有时几个月见不了一面,见面时也只能跟母亲说说话。父亲对我总是一脸愠色。

我一直对父亲有怨气,期待父亲可以理解甚至欣赏我的人生选择。2010年左右,在非暴力沟通的启发下,我对父亲的态度有了一个重要的转折。现在,我终于将那强烈期待基本上放下了。因为,我意识到,父亲渴望我的生活能安全、稳定,焦虑的父亲无法肯定我、欣赏我。这样,我内心开始没有了对立的情绪,而努力向父亲证明自己实际上过得不错。恰巧那几年工作比较顺利,父亲看到我经济条件确实有好转,放心了很多。我们的关系也就有了明显改善。那时,我对这样的进展感到特别得意。我认为自己懂很多深奥的道理,把本来糟糕的父子关系圆满恢复了。而对父亲,我有着满满的优越感,有一种哄小孩儿的感觉。我觉得,父亲也有他自己的童年阴影,我要充分接纳他。

然而,世事难料,在最近几年,我对生活的理解又发生了很大的转折。我不仅推翻了自己原来强烈认同的一些思想,而且还转向了过去自己所批判的父亲的思想。我终于意识到了自己的肤浅和可笑。现在,再听到父亲的批评时,我不仅不会感到憋屈,而且还会努力思考为什么父亲会那么看。我与父亲之间有了更多共同的价值观,更多共同的话题。我去看父母的次数越来越多,每次总有说不完的话。而父亲对我人生的期待,不但不再是包袱,而且还成了我前进

代代相传的文化火炬，带给我们幸福和力量。

的动力。父亲期待的不就是我人生真正的幸福吗?! 首先,要让自己的身体健健康康。然后,是让自己的小家庭和睦。再进一步,把孩子培养好,让孩子成为社会的有用之材。如果能做到这些,那我与父亲的关系可以算是真的圆满和谐了吧。

这位朋友为了追求自己看重的人生意义,大学时没有完成学业,工作后又放弃了外企工程师的工作。他父亲对他的顾虑主要有两个方面:一是,生活没有着落;二是,思想比较偏激。到了中年以后,随着思想观念的转变,他才比较能够理解和接受父亲对自己的批评。同时,对父亲也多了由衷的敬意。这使他和父亲的关系变得真正亲密起来。这对他父亲是多大的安慰啊!

除了这位朋友,我还看到,不少朋友在亲近传统文化后转变了自己对父母的态度。有位女士给我讲到了她对母亲态度的变化:

早上打电话给老妈,听说二姐不在家,我决定上午就回去,早点去陪陪她。我带了老妈爱吃的鱼头豆腐,到家后,先跟阿姨聊了会儿,让她诉诉苦,然后请阿姨早点回家。这样,我也好跟老妈多说会儿话。老妈状态不错,说到了自己白发中生出很多黑发,很开心地说别人说她返老还童了。她还说这可能是因为她心态好。她谈到了自己有几个做人原则:对己严,对人宽;遇到矛盾换位思考;乐于助人;对社会多奉献、少索取。妈呀,我以前怎么总觉得我妈在乎面子,不真实,为别人活,活得累,不会关心人呢。汗颜啊。我立刻用手机记下来,跟我妈说要向她学习。她可开心了。这会儿,老妈躺床上午睡。我坐她旁边椅子上看《八十忆双亲 师友杂忆》,要是以前肯定在我姐房间躺着了,这会儿更愿意在老妈房间,在她身边陪着她,心里暖暖的。

这位朋友的母亲当时已经八十多了,行动不便。她很爱她的母亲,也很用心照顾她。但过去,由于看不上老一辈的一些做人的态度、生活习惯,她在心里对母亲颇有微词。随着她越来越认同一些传统的价值观,她对母亲的感觉也就发生了变化。例如,对于"严于律己、宽以待人",过去她是有些排斥的,当她心里变得认同,再听到母亲讲这是她做人的原则时,母亲的形象也就高大起来了。

理解和体谅一个人,有助于缓和彼此的关系,但真正的和谐有赖于彼此价值观的共鸣。一般来说,我们的父辈受传统的影响比我们这一代人要深得多。一旦我们能够亲近自己的文化,我们就更能够发自内心地敬重他们。这样,彼此的关系也就会更加亲密。

小结

运用爱的语言的沟通原则,我们需要循序渐进:先理解沟通原则的内涵,然后耐心地培养相应的心态和行为习惯。此外,在不同的愿望发生冲突时,我们还需要注意权衡取舍,而不要总是追求面面俱到。

爱的语言的沟通原则源于优秀的传统文化。在增进对长辈的理解和尊重上,学习和运用这些原则具有独特的作用。一般来说,我们越是能够欣赏传统的美德,我们与父辈的关系也就越亲密。

后记

本书能够出版需要感谢许许多多的人。

首先,我要感谢那些传递传统文化的火炬的人们。像王岚、英巍两位老师整理的张居正的《四书直解》,对我们工作的帮助就极大。

其次,我要感谢我的非暴力沟通的老师们,特别是卢森堡博士和吕靖安老师。我不仅从他们那里学到了如何更好地体会自己和他人的内心世界,更好地表达和倾听,而且还学习了如何带领体验式工作坊。

第三,我还要感谢和我一起探索非暴力沟通及其与中国文化相结合的朋友们。特别是,高峥、蔡骊、陈萍萍、梁伟明、李秋英、张继莲、冯敏、傅旭欣、许晓雷、文孝华、姚向辉、李菊芳、李军、丁西玲、邓仁水、邱惠玉、王亚东、魏航、赵宇进、黄戍、黄雁、田立威、丁茜、冯燕、揭小黎、欧阳剑、张海成等朋友为我的工作提供了始终如一的鼓励和帮助。

此外,我还特别感谢许多朋友慷慨地同意我在书中分享他们的经历。他们包括梅蓓、蒙洁、杨阳、范伟、娄宏伟、阎美静、曲云霞、董欢秋、李科炜、李苏萍、李凤艳、王继红、郭耀红、汪清、胡颖、裴肖丽、张敏……还有,我的朋友刘蔓结合书中内容精心设计了插图,为本书增色不少。

最后，我想要感谢冯敏和江苏凤凰教育出版社的丁金芳、张金风、段晗胭等同志。在他们的大力支持下，本书得到了高质量的编辑和高效率的出版。

阮胤华

2020 年 9 月